回眸一顧
世事洞明

殷憂看世局

林學禮 著

目次

代序 007
一、二戰後專搞綁架、暗殺（註一）、顛覆的美國 011
二、一九九三年回顧 023
三、「廣島亞運風波」透視、評析 039
四、冷戰遠颺．貿易戰開打 057
五、縱觀美國外交政策的一意孤行 087
六、評陳水扁與馬英九之戰 105
七、陳水扁執政，台灣往何處去 121
八、後記 135
跋 139

代序

壹

驚夢

荒島遊魂三千
無償勞役經年
相濡以沫
構陷自贖
血淚交織善與惡
今日何日
朝不知夕
潮聲起落枕邊鼓

夜夜夜半反側
形銷骨立終不悔
但願懷人入夢來

十三年黑獄餘生，未曾落淚。
十年文革浩劫，教人夢中切齒。
一九九八、十一

貳

無題

兩顆子彈
一如荒謬劇地
顛覆了整個政治生態

掌權的

以詐術竊國
以謊言治國
廟堂　沐猴而冠
街頭　狐鼠施虐

在野的
政客老矣
官僚依舊
茫然四顧
何處覓曙光
卻只能在舊夢難圓的泥淖中翻滾

蔣廟前

殷憂看世局

年輕學子的衝天呼喊
竟成了溝壑蚊蚋的低吟
而野百合的先行者
紛紛　扮演著新丑跳梁

惡兆漸顯
法律的堤防　已然潰決
社會的公義　也蕩然無存
恐將　浩劫難逃
能否　浴火重生
唯　上蒼垂憐

二〇〇四年五月五日
於辛亥蝸居

一、二戰後專搞綁架、暗殺（註一）、顛覆的美國

二〇〇五年六月二十四日，義大利一位法官下令逮捕十三名美國中央情報局（CIT）的特工，指控他們在米蘭市綁架一名埃及回教教士，施以酷刑逼供。羅馬的美國大使館以及CIT總部，拒絕評論。

二戰後，美國在拉丁美洲各國搞綁架、暗殺、顛覆是他們的專業。根據中情局解密的檔案資料顯示：

一、一九五四年，推翻拉丁美洲瓜地馬拉阿本茲總統的政變，是由美國中情局一手操控，並擬訂刺殺瓜國五十八名政要的「清除名單」。

二、一九六一年，中情局指使一千二百多名古巴流亡份子，企圖由古巴西南海岸的豬玀灣登陸，推翻卡斯楚政權。結果行動失敗。

三、一九七三年九月十一日，推翻拉美薩爾瓦多首位民選總統葉阿德，由美國扶持的軍政府立即展開大屠殺。七十年代連線的「禿鷹計畫」獵殺行動，在智利、阿根廷、巴拉

圭、巴西以及烏拉圭等國隨即火速展開。從一九七三年的九月至十一月，有一萬三千人被捕，監獄爆滿，日夜趕著增建都來不及。逃入各國大使館獲得庇護的有一千八百多人。有八百多人流亡海外，另外兩千多人被迫離鄉背井逃往歐洲。諸多數據和行刑後的檔案資料，令目睹者心驚膽顫。

四、一九八九年，巴拿馬總統諾瑞嘉，被美軍綁架，解送美國審判。

五、一九九四年美軍出兵海地，推翻該國的合法政府。

拉丁美洲是美國的「後院」，中情局在此肆無忌憚，為所欲為。而遙隔太平洋的亞洲各國，也難逃劫數。

二戰後，亞洲各國禍亂踵起，政變頻仍，其幕後大多有美國中央情報局在運作操控。

一九五三年，為了壟斷伊朗石油利益，美國中央情報局策動伊朗國王巴勒維，發動宮廷政變，推翻莫沙德君主立憲政府，奪取實權並展開屠殺異己。宗教領袖何梅尼被迫逃亡法國。在巴勒維國王二十多年的專制統治下，伊朗在國際上以「兩最」聞名於世：最腐敗奢靡的國家（王室）（註二）、最貧窮的人民。巴勒維殘民以逞，但終被人民推翻。伊朗新政府在何梅尼大主教領導下，立即與美國斷交，關閉美國在德黑蘭的大使館，囚禁美國的外交人員。於是，「白蓮教扶清滅洋式」的反美運動，在二十世紀八十年代的伊朗首都德黑蘭如火如荼地展開。

美國在伊朗挫敗受辱，轉而支持極具野心的伊拉克強人海珊（註三），給予軍事援助，兩伊戰爭歷經七年，雙方終因無力繼續而罷戰。財政瀕臨破產的伊拉克，遂有兼併「科威特」之舉。因之引發一九九一年的波斯灣大戰。美國以維護國際正義之名，在聯合國的大纛下，出兵懲罰所謂狂人海珊。

一九五四年，拉丁美洲以及亞非各國，在印尼總統蘇卡諾主導下，於萬隆召開第三世界會議，引起美國妒恨。美國中央情報局策動印尼軍人蘇哈托將軍，發動政變，推翻蘇卡諾政府；同時以反共為名，展開白色恐怖大屠殺。

越戰期間（一九六二年十一月），美國中央情報局主使越南右翼軍人楊文明將軍，推翻吳廷琰文人政府（註四），而導致政局不穩，終被北越打敗，中南半島變天，美軍狼狽而逃。

此外，緬甸、泰國、菲律賓、南韓、巴基斯坦、印尼、以及柬埔寨，每一次的動亂或政變，美國中央情報局都插上一腳；次數最多的是菲律賓與南韓，而受害最深、時間最長的則是中南半島的小國柬埔寨。

柬埔寨原名高棉，法國殖民地。一九四一年法國任命施亞努親王為國王。十二年後（一九五四），法國在奠邊府一役被越共打敗，守將投降。施亞努政府在法國勢力退出中南半島後，保持了柬埔寨的獨立，拒絕越共於國門之外。

施亞努在國際上頗具聲望，他是堅定的民族主義者，卻不被美國所喜。一九七〇年，美國中央情報局策動柬國陸軍總司令龍諾將軍，發動政變，推翻施亞努政府。四年之後，也就是一九七五年，不得民心的龍諾政權，被「赤柬」（柬埔寨共產黨）推翻。從此這個中南半島的小國，遂陷入二十年長期內戰的災禍中。

在國際上，一向最親美的中華民國政府，在一九五〇年代初期，美國中央情報局也曾經想下毒手把它顛覆掉。根據國府前駐美大使顧維鈞博士的回憶錄記載：「美國對中華民國企圖最嚴重的一次，是在一九五〇年代。當時美國考慮訓練一批年輕的技術人員、行政官員、學校教師，以期建立一個獨立的台灣共和國。我（顧博士自稱）到處都碰到美國的高層人士流露出這種想法」。美國當時企圖的嚴重程度，據顧博士說：「甚至達到在沖繩島秘密訓練一支武裝部隊的地步。」

美國中央情報局的此一「黑箱作業」，終因韓戰局勢的逆轉而擱淺。對台灣的中華民國如此，那麼，對海峽那一岸的「中華人民共和國」又將如何呢？

戰後，美國中央情報局，在亞洲第一個要顛覆的對象就是「中華人民共和國」；而且數十年如一日。

一、從五〇年代開始，以台灣為基地，對大陸進行空中偵伺、海上滲透、邊境潛入，直接進行顛覆活動。

二、重編陳納德的第十四航空隊，由美國中央情報局直接進行特工人員空投。

三、利用國民政府在泰北的國軍殘部，對大陸展開突擊破壞。

四、唆使西藏分離主義份子，進行武裝叛變。

一九五七年，美中情局在科羅拉多州，秘密設立高山基地「海爾營區」，吸收西藏亡命之徒，編組訓練「西藏突擊特務隊」（俗稱綠扁帽部隊），由美中情局直轄的南方航空公司及山間航空公司，進行武裝空投。於是遂有一九五九年「西藏武裝叛亂事件」發生，以及事敗後達賴喇嘛出奔印度。

今年（一九九三）的七月六日，聯合報頭版頭題新聞：蒙藏委員長張駿逸，在中央總理紀念週發表演講，抨擊美國國會介入西藏獨立運動。張委員長說：今天，西藏問題如果沒有強權介入，不難解決。外國人不願意看到一個強大統一的中國出現，所以用一切可以破壞中國統一的手段，以期達到分裂中國的目標。

今年（一九九三）一月，美國柯林頓政府的新任國務卿克里斯多福，在國會作證時說：美國政府的政策，是要促成中共的和平演變（註五）。同時他又宣稱，新政府支持「自由亞洲電台」（註六）的設立。這個電台被賦予在中國大陸內部製造和平演變的重大任務。

二十世紀九十年代，以意識型態為主導的東西方冷戰落幕。美國一霸獨大，但仍然念念不忘，處心積慮，想把一百多年來在國際上受盡欺凌侮辱侵略，而正在力求振作的中國「顛覆掉」、「分裂掉」、「蘇東坡掉」！

而現在，和平演變後的前蘇聯，分崩離析，十五個「獨立國協」之間，衝突不斷，熱戰不休。

據美國國防部情報資料預估，這個地區（橫跨歐亞兩洲）在一九九五年之後，行將出現四十四個新生國家。而它們彼此之間，分別又有種族、族群、語言習俗、宗教信仰、邊界糾葛以及歷史恩仇等等因素所引發的戰爭。而較為世人注目的則是規模較大、傷亡較多、影響較深的外高加索地區各共和國之間的戰爭。

外高加索的「亞塞爾拜然共和國」與「亞美尼亞共和國」為爭奪「納城」，烽火不斷；而「亞塞爾拜然」又有族群利益的矛盾而爆發內戰。而外高加索另一小國「喬治亞共和國」的政府軍，與該國的分離主義份子所組成的武裝部隊，陷於「誰也打不死誰」的戰爭泥淖之中。

喬治亞共和國向聯合國控訴俄羅斯，暗中協助喬治亞分離主義叛軍，俄國則稱「自顧不暇」而否認上項指控。喬治亞的內戰雙方，對於聯合國的停戰呼籲則理都不理。

從前的民族自決運動，是反對殖民主義。而現在卻質變為「誰也不怕誰」、「我要做老大」式的自由分裂的狂熱，而民族自決的理想性與正當性，則蕩然無存。

另一方面，和平演變後的獨立國協龍頭老大俄羅斯，因改革失敗，戈巴契夫總統倒台。一九九一年葉爾辛繼任擔綱，提出「震盪療法」，亦即「五百天改革方案」。宣稱：只要五百天時間，可以完成俄國的資本主義改造。同時，葉爾辛總統以比戈巴契夫更為臣服的姿態，取悅西方國家，以期得到「世界銀行」以及「世界貨幣基金會」的鉅額金援。只是他的「震盪療法」失效，經濟瀕臨崩潰邊緣，盧布貶值，購物需用大布袋裝鈔票。資料指出，一九九二年俄國的工業生產銳減百分之二十三，而年通貨膨脹率則高達百分之二千五百。莫斯科國立大學教授的月薪，只能換五元美金，而投機倒把的暴發戶揮金如土，用四塊錢美金享用一杯咖啡。莫斯科的街頭夜景，一邊是進口的豪華轎車飛馳而過，一邊是在寒風中排隊等候購買麵包的長蛇陣人群。

今年十月，葉爾辛總統違憲解散國會「自導政變」，而反葉爾辛的人馬則發動同樣是違憲的「國會政變」。現在「府會衝突」雖在血濺莫斯科街頭中落幕。但俄羅斯內部的分裂，永難復合；而葉爾辛的經濟改革寄希望於西方國家的施捨，恐亦難成功。

這是西方國家夢寐以求的，這也是美國的最愛。

和平演變後的「北方巨熊」，是我們的一面鏡子。

對於這面「鏡子」，做為一個中國人，必須記住：時時勤拂拭，毋使惹塵埃。

一九九三年一〇月一五日　陽光山林

二〇〇五年七月二十三日於台北蝸居　校訂

（註一）二〇〇五年八月二十二日，美國電視佈道家羅伯森，公開倡言刺殺委內瑞拉總統查維茲，引起各界抨擊。二十四日羅伯森矢口否認，並指斥媒體斷章取義，報導失實。三個小時後，羅伯森終於認錯道歉。

委內瑞拉是全世界第五大石油輸出國。二〇〇二年四月，委國發生政變，查維茲一度被逼下臺，隨即復位成功，並指控美國主導此一「骯髒」事件。查維茲總統立場左傾，批評華府在伊拉克的軍事行動是「以恐怖對付恐怖」。

羅伯森在二十二日播出的基督教廣播節目「七〇〇俱樂部」中表示：「如果查維茲認為我們陰謀顛覆他，我認為我們就應該真的付諸行動。這比發動一場戰爭便宜多了。」

現年七十五歲的羅伯森，是美國著名的電視佈道家，在保守陣營頗具影響力，縱橫美國宗教界五十多年。他創立的「美國基督教聯盟」，號稱有一百二十萬信徒。羅伯森在節目中毫不掩飾地表示：「我們有能力除掉他。我認為，如今已經到了發揮這種能力的時候了。我們不需要為了除掉一個人，除掉一個獨裁者而再花兩千億美元的軍費。讓一些特務來執行此一任務，作一了斷，要容易多了。」（綜合外電報導）

（註二）一九九七年一月三日新聞報導：
巴勒維在位時所擁有的十輛名車，將由伊朗政府拍賣。預計得款將超過一百萬英鎊。這十輛車包括二輛藍柏吉尼、一輛奧斯頓馬丁、一輛法拉利、一輛卡迪拉克、一輛賓士和四輛勞斯萊斯；都屬於供珍藏的極品。其中酒紅色的藍柏吉尼，全世界只有四輛；巴勒維國王的兩輛藍柏吉尼，拍賣價可高達五十萬英鎊，是一九七一年巴勒維在瑞士滑雪度假時的用車。

（註三）二〇〇三年一月一日英國泰晤士報報導：
美國國防部長倫斯斐，是批判伊拉克總統海珊最力的人物之一，但解密文件顯示，倫斯斐曾在一九八三年十二月二十日會晤海珊，為美國公司銷售伊拉克生化武器原料舖下坦途，並爭取伊拉克為盟友。其戰略目標，在對付何梅尼大主教所領導的伊朗。戰略既定，即使海珊在一九八八年三月，在伊拉克北部使用毒氣殺害庫德族人，美國仍然繼續供應伊拉克武器。
一九八三年美國國家安全會的指令說得十分露骨：美國願意「在合法的情況下竭盡所能，避免伊拉克輸掉對伊朗的戰爭。」

（註四）一九九八年十一月二十四日，美國甘迺迪圖書博物館，公開已故總統甘迺迪生前部分錄音帶；甘迺迪在錄音談話中，對促成推翻南越總統吳延琰的政變感到後悔。一九六二年十一月二日，吳廷琰在南越首都西貢附近的一家天主教教堂遭槍殺。

（註五）一九九三年一月十五日新聞報導：

行將出任美國新政府國務卿的克里斯多福，昨天在參院外交委員會為他的新職作證時宣稱，柯林頓政府的政策是要促成中共的和平演變，放棄共產主義，選擇民主政治。

除了和平演變的政策目標之外，克氏也宣布新政府將支持擬議中的「自由亞洲電台」的設立。這一由參議員白登等人大力支持的電台，其主要任務是在中國大陸內部製造「和平演變」，其性質，等同於「自由歐洲電台」。

（註六）一九九八年一月十七日，法新社華盛頓報導：

美國國會通過，調高自由亞洲電台經費一倍以上，以利電台擴大對中國大陸與西藏的廣播。

美國參眾兩院通過「自由亞洲電台」自十月份起算的一九九八會計年度經費為兩千四百一十萬美元。前一年的經費為九百三十萬美元。

自由亞洲電台，在一九九六年九月開播。因遭到北京干擾，效果不佳，所以年預算經費倍增，其企圖之急切，由此可見。

二、一九九三年回顧

一九九二年，美國總統選舉，布希與柯林頓對決。

布希是一九九一年波斯灣大戰英雄，威風八面，贏得百分之九十以上的民意支持。然而卻敗給戰後出生的反越戰、拒絕徵召入伍服役的柯林頓。

布希在一九八九年一月入主白宮，到一九九三年一月離職，做了四年總統，在提振美國聲威方面，為戰後歷屆總統所不及。布希在職期間，為了美國在巴拿馬運河區的權益，透過媒體造勢，指控巴拿馬總統諾瑞嘉是國際販毒組織的幕後頭頭，出兵攻擊巴拿馬，活捉諾瑞嘉回美國審判。其惡質化的軍事帝國主義作風，舉世驚愕。除了柴契爾夫人的英國政府表示支持外，世界各國包括法德兩個西方國家在內，同聲譴責。白宮記者會有記者問：諾瑞嘉是巴拿馬總統，不是美國公民……布希立即打斷他的話，說：以美國的觀點來說，他不過是販毒集團的首領而已。言下大有「誰叫我是老大！」「我說了就算」的氣概。

一九九一年，伊拉克兼併科威特，布希在聯合國的旗幟下，以維護國際正義之名，出兵攻打伊拉克，懲罰那個被西方媒體渲染為狂人的海珊，順利地使流亡在開羅的科威特王室復辟，美國聲望如日中天。這一次，是美國戰後先受受挫於韓戰，再屈敗於越戰以來，為美國在國際用兵最為揚眉吐氣的一役。

同時布希在任職期間，由於戰後美俄兩個超級強國軍備競賽，而導致彼此精疲力竭之際，卻以和平演變的策略，促使、催化國力較弱的蘇聯瓦解，東歐社會主義國家崩析。於是，美國躍登為世界唯一超強。

然而，國家猶如個人；人要面子，更要裡子。

美國雖贏得冷戰，但本身也是國力衰竭，經濟萎頓。在布希任職屆滿前，美國聯邦政府所累積下的國家赤字超過四兆億美元；每年預算赤字高達三千五百億美元；全國貧窮人口超過總人口的百分之十五，大約為三千五百萬人；而且多數是白領階級。對外貿易方面，平均每月赤字將近九十億美元。有將近百分之八十五的美國人都大惑不解地問：「我們的國家到底怎麼啦？」

一九九三年一月柯林頓入主白宮，為了挽救美國經濟，對內採取「減支、增稅」政策，對外走新貿易保護主義路線。

美國的廣大市場，消費力驚人，超過歐洲共同體十二個國家的總和；是世界貿易主要國，尤其是日本、韓國、台灣、中國大陸經濟發展不能缺少的市場之一。

以一九九二年為例；美國對日貿易逆差，就高達一千三百億美元，其顯示的意義是，美國對外貿易每逆差四百五十五億，就表示出美國人失去一百萬個工作機會。這就是說，美國光是對日逆差，美國人每年就失去大約三百萬個工作機會。

形勢如此，美國的新貿易保護主義，藉「三〇一」報復條款的威力，迫使其貿易對手國讓步的政策，如箭在弦上，不得不發。偏巧歐體十二個國家（英、愛爾蘭、法、德、荷蘭、比利時、盧森堡、丹麥、希臘、義大利、葡萄牙、西班牙）同樣遭到經濟衰退的襲擊。據歐體執行委員會主席戴洛預測。十二個會員國一九九三年經濟成長率，將會出現百分之零點五的負成長。另據路透社六月八日盧森堡電：歐體十二國外長一致同意，對美國出口到歐洲的產品，進行每年達一千五百萬美元的「制裁」，以報復美國在兩週前對歐體十二國宣布制裁的方案。該方案使歐洲出口商每年損失約兩千萬美元。據說這是歐體十二國最紳士的還擊方式，藉以避免因「小吵」而演變成「大戰」。

而美國與日本的貿易摩擦，則趨向深刻化。

據美國商務部統計，美國對日本的貿易逆差，於一九九二年暴增至一千三百億美元以上，而一九九三年的前三個月逆差擴張至五年半以來的新高點；尤以汽車、家電業，幾乎全是日本貨的天下。柯林頓的高級幕僚建議，對日用更嚴厲的手段（超級三〇一條款），責成日本在三年內對外貿易順差削減一半。

日本政府反彈，發表一九九三年「貿易白皮書」，並由大藏省、通產省、經濟企畫廳以及東京銀行等財經單位首長齊一口徑，要求貿易逆差國（美國）在設計削減外國（日本）的貿易順差前，先反求諸己，先行提升本身產品的競爭力。

大藏大臣林義郎說：「設定削減貿易順差，違反自由貿易精神。」

這是東京對華盛頓漸趨激烈的貿易戰中最新一波的「全面反擊」。

關於日本要求美國「先行提高產品競爭力」方面，日本眾院議長櫻內說：「貿易的不平衡，是因為美國的工人素質太低，平均只有小學畢業程度，沒有工作意願，缺乏敬業精神，要求工資高、工時短。而日本的經濟成果，是全靠勤勞的勞工流汗創造出來的。」

美國人聽了大為光火，大罵小日本忘恩負義，芝加哥工人竟拿起大鐵鎚敲打日本的汽車洩憤。澳大利亞在國際政治舞台上，向來以美國的觀點為觀點，很緊地跟著美國走（被有識之士譏為「美國的副警長」）。可是在貿易上雙方也避免不了爭吵。澳洲前總理霍克公開呼籲：「站起來對抗那個老是欺侮人的大個子！」

澳洲輿論指出，美國目前擺出的高姿態，動不動就祭起三〇一報復條款，完全不顧遊戲規則。澳洲直接受到的傷害，是價值數億澳元的農產品外銷市場。

有關農產品外銷，美國不顧「關稅暨貿易協定（GATT）」的協議，決心對農產品提供補貼，藉以提昇外銷競爭力。目前選定的新目標，是菲律賓的脫脂奶粉市場。這個市場原屬澳洲，每年銷售額達一億澳元；而且每年有百分之四十的成長率。此外，美國對印尼的小麥市場也很眼紅。（附註：美國的小麥年產量驚人，因外銷滯遲，連倉儲都很緊張，中國大陸是美國小麥最大的市場；美國小麥出口的四分之三銷往中國大陸）而澳洲小麥在印尼佔有百分之五十的市場，全額達一億三千萬澳元。而美國企圖染指上述兩大澳洲農產品的傳統市場，擺明了勢在必得。因此，美澳的貿易摩擦糾葛勢難避免。

據合眾國際社華盛頓六月二十五日報導，美國政府昨天「裁定」，共有十九個國家，以低於公平市場價格，向美國傾銷鋼鐵製品，造成美國鋼鐵製造業者瀕臨破產的邊緣。美國新裁定「反傾銷稅」一旦施行，將對上述十九國（日、加、墨、法、南韓、英、德、義、比、芬蘭、荷蘭、波蘭、羅馬尼亞、捷克、西班牙、奧地利、瑞典以及巴西、阿根廷）的鋼鐵業者，造成嚴重的打擊。因此所引發的反彈還擊自是意料中事。

但美國的市場胃納甚大，而貿易國彼此之間相互依存關係，十分密切，尤其美國與「G7」（世界七大工業國……美、英、德、法、加、日、義）關係錯綜複雜，可以說是「既鬥爭又聯合」，所以吵歸吵，生意還是要做的。

五月十五日發行的美國《時代週刊》，以及有線電視新聞網（CNN）聯合舉行民意測驗顯示：百分之四十九受訪者，認為新任總統柯林頓在經濟事務上表現欠佳；另有百分之五十八受訪者，認為柯林頓在削減聯邦赤字方面表現很差。

美國商業部四月二十九日的報告指出，美國一九九三年的第一季經濟成長率只有百分之一點八，較去年同期百分之四點七下挫一半以上。因此引起華爾街股票跌停板。

柯林頓的經濟復甦政策乏善可陳；而在國防外交方面卻「布規柯隨」，採用布希時代的「新冷戰」政策。

布希卸任前，曾經毫不掩飾地表露了唯我獨尊的強權心態。布希說：「冷戰結束後，我們是世界上唯一超強，領導國際聯合對付不聽話的國家，是美國的責任。」

柯林頓為建立強勢領導形象，找到了伊拉克這個不聽話的國家，做為射擊的箭靶。機會終於來了。

一九九三年四月四日，美國前總統布希訪問科威特。據美中情局官員說，有確切情報指出，伊拉克企圖用汽車炸彈對付「劊子手」布希。據說是「上帝垂憐」，伊拉克狂人海珊「未能得逞」。於是，現任美總統柯林頓親自下令，發射二十三枚戰斧巡弋飛彈，教訓這個不聽話的渾小子。

對這次的攻擊行動，美國《華盛頓郵報》透露了一絲訊息：柯林頓此時有此舉措，是由於民意測驗顯示，他是歷任總統就任五個月來聲望最低的一位，所以意圖藉此製造英雄懲凶的形象，扳回一點面子。

國際社會對此卻反應不一。美國的盟邦表示支持，回教國家包括阿拉伯十二個聯盟則予以譴責。

第二天安理會召開緊急會議，伊拉克代表要求聯合國安理會譴責美國的攻擊行動，但是「沒有任何決議或行動」。

各理事國對此事的表態不一：

英國百分之百的支持；

法國和日本支持的程度稍有保留；

俄國代表認為美國有權自衛。俄國代表的發言，在國際上充分暴露了「失去國格」而令世人鄙視的面目；

中國代表反對最力。

中國駐聯合國代表指出：中國反對任何違背聯合國憲章和國際關係準則的行為；中國反對任何能加劇該地區緊張局勢的行動，包括使用武力。

中國代表的發言，毫無疑問使得白宮大為不快。

柯林頓競選期間，大肆抨擊布希的中國政策，指斥中共為「北京暴政」；大肆抨擊中共的人權記錄；同時宣稱當選後會重新檢討美國對中國的政策。柯林頓新任命的國務卿克里斯多福在國會作證時說：「新政府的政策是促使中共和平演變放棄共產主義，選擇民主政治。」並宣稱新政府將支持擬議中的亞洲自由電台；並賦予這個電台在中國大陸內部製造和平演變的任務。」一時之間世人悚然而驚，以為冷戰又將借屍還魂。

柯林頓政府對中國的「新冷戰」政策包括三方面：人權問題、軍售問題、貿易問題。人權問題是美國干涉主義的新意識型態武器，是美國對付那些不聽話國家的撒手鐧。包括中國在內的拉美、亞、非第三世界國家也不願束手待人宰割；他們提出了以「生存權」與「發展權」的「新人權論述」。於是「四十一個非洲國家在突尼西亞首都突尼斯召開『非洲人權會議』，拉丁美洲與加勒比海國家，在哥斯達黎加首都聖荷西召開『拉丁美洲人權會議』，亞太地區四十九國，在泰國曼谷召開『亞太人權會議』。」

這些第三世界弱國的人權會議所揭示的「新人權論述」，歸結要點如下：「人權問題必須有歷史階段的優先順序。目前第三世界均為窮國，全球人口五分之一處於飢餓狀態，每年因營養不良而引發的疾病死亡者多達二千萬人。婦女因飢餓、貧窮，以及懷孕等因素年平均死亡的高達五十萬人，每天由於營養不良以及疾病而死亡的兒童則達三萬五千人。這些才是第三世界最殘酷的人權現實；這些國家仍未擺脫最基本的『生存權』和『發展權』，無論政治如何自由，都不能改變這種令人鼻酸的現象」。因此，第三世界國家要求西方不應將少數人的政治人權置於第一優先，應以更積極的援助（不是施捨）來改善窮國的這種處境，這樣才是真正的人權。

「第三世界窮國一致指出西方國家以人權做為干涉他國內政的藉口，是為新帝國主義開路的推土機。近代最殘暴的政權都為西方國家所支持，例如伊朗的巴勒維、非洲薩依的莫布杜、智利的皮諾契等等。」

世界多數國家（雖然都是窮國）人權的概念如此，美國如果以少數政治人物的人權問題迫使中國就範，他的成功機率越來越小。

美國與中國有關「軍售」的衝突，其理更不直。

據聯合國公佈一九九二年全球軍火外銷排行榜，美國高踞榜首，其次是德、英、法、俄、中國。

一九九三年九月三十日，中國外長錢其琛在聯合國演講，嚴詞譴責美國在國際間扮演「國際警察」的霸權行為，踐踏國際法規與國際關係的規範。……錢其琛說：中國反對有的國家打著控制武器轉讓的旗號，動輒對別國實行制裁，施加壓力，自己卻大量出售武器，正如中國民間俗諺所說，只許州官放火，不許百姓點燈。錢其琛說，中共也反對那種以禁止化武為藉口，不按國際公約規定辦事，而自己充當國際警察，危害別國航行安全和貿易往來，是違反國際法和國際關係準則的霸權行為。

錢其琛所指的「危害別國航行安全和正常貿易」，就是指「銀河號」事件。「銀河號」事件，是一九九三年中美緊張關係的新高點。

權威方面透露，「銀河號」事件，不是鬥力而是鬥智。中國採用孫子兵法「虛實篇」的策略，誘使美國中情局誤判，讓美國在國際上大出醜。

中國銀河號貨櫃輪，被美國海軍困在印度洋公海，無法靠岸，連飲水也只能由美國運輸艦供應，中國就是不肯接受檢查。美國更肯定他的情報正確：「銀河號載有化武輸往伊朗」。雙方在國際上唇槍舌戰，終於胳膊扭不過大腿，在萬分無奈的情形下，中國政府只好低首，接受美國提議，在埃及達曼港，由美、中、埃及專家共檢。結果，美國由高興得不得了（好傢伙！這回總算逮著了！），「拍！」一下，摔個四腳朝天（註）。

至於貿易問題，中美兩國就地緣關係而言，其實合則兩利，在貿易上可互補有無。雙方都具有廣大的市場，尤其是中國，市場的開發潛力無窮。據中國海關最新統計資料指出：一九九三年中國的貿易伙伴已超過一百二十個國家以及地區，貿易額的排名次序：日本佔首位；接下來的香港、美國、台灣、德國、南韓、俄國、新加坡、義大利、英國，是為十大。排名第五的德國，一九九三年雙方的貿易額也已超過一百億美元。這就難怪中國的貿易部官員說：美國要抵制，受損的不只是一方面；想跟我們做生意的排隊在門口等呢。

其實，柯林頓政府也不是沒有有識之士，既然打不死，就跟他握握手吧。所謂國際之間，沒有永遠的朋友，也沒有永遠的敵人，只有永遠的利益。於是美國遂有「新介入政策」的出現。「新介入政策」為民主黨智庫「約翰霍斯京斯研究所」所草擬。其大方針是「後天安門症候群」的以對抗為主軸的「中國政策」將被揚棄；以「新和解」為導向的「新介入政策」將被接受。據美國駐北京大使芮效儉透露：「新介入政策」是漸進的，以雙方官員互訪開始，層級逐漸提高，最後以柯林頓總統訪問北京為終極目標。

中國有句俗語：見面三分情。為了中美兩個人民的共同福祉，雙方有智慧的政治家，應不再計較歷史「情結」，彼此坦誠「一笑泯恩仇」。

這是一九九四年的期盼。

一九九四年一月二十日燈下　於台灣桃園　陽光山林

說明：「　」內的資料，引自「新新聞週刊」南方朔所寫：

〈南北對抗／人權當劍／窮富相爭／道德浴血〉

二〇〇五、七、二十三　於台北辛亥蝸居校訂

（註）新聞眼：〈華府「銀河號」／情報失靈／中共扳回一城——美國形象栽了雙方對立加深〉

記者賴錦宏／特稿

在「銀河號」檢查結果發表後，中共外交部昨日發表強烈聲明抨擊美國的行動不負責任，並要求公開道歉和賠償。在國際形象上，美國可以說是栽了，不但羅織中共向伊朗、巴基斯坦等激進國家違約售武的罪名不成立，中共與美國之間薄弱的互信基礎將又一次遭到破壞，雙方關係可能進一步惡化。

「銀河號」檢查報告表明，船上並未載有美情報所指運送給伊朗的化學武器原料，顯示美國情報系統的「情報證據」不符事實，美國政府和情報當局的洋相出盡，作為世界強國的情報網公信力亦嚴重受損。這在日後將給予中共一個反擊的好機會，中共可將藉此使美國情報界難堪外，也將在國際形象上打擊美國。現在真相大白，除「世界警察」的角色受到極大的諷刺外，美國日後也很難在公海上任意「消極監視」中共船隻，更不必說是「登船檢查」了。

再者，在事件中美國曾以外交力量對波斯灣各國施壓，要求這些國家拒絕「銀河號」入港。阿聯酋等國紛紛表示不願介入「中」美糾紛，使「銀河號」一度停靠無門。如今證明美國情報有誤，這些國家對中共難免欠下人情，將使今後中共在此一地區的影響力增加。

美國情報當局近年在大陸問題上經常出洋相，如一九八九年天安門事件期間，中央情報局曾向布希總統報告，鄧小平已去世，不到一周，鄧小平在電視上嘉勉戒嚴部隊，使中情局大出洋相。今年五月，中情局又稱中共出售M十一飛彈給巴基斯坦，後來美國也無法提出明確證據。但美國隨即在上月二十五日宣佈對中共實施貿易制裁，並由眾院通過反對在北京辦兩千年奧運的決議，使北京十分憤怒。而「銀河號」的調查結果，又使中共有了扳回顏面的機會。

準此種種，正好提供中共材料，得以不斷地向開發中國家傳播美國是「霸權主義和強權政治」的帝國主義化身，這將使美國和中共在國際上對立的局面加深。

「銀河號」事件經過幾個回合的鬥智後，美國確屬難堪，中共則多少洗脫多年來「銷售違禁武器」的罪名，並得理不饒人向美要求賠償和道歉。美國如何賠償、道歉還不得而知；但因為雙方的利益及關係考量，中共與美國不致因此事件而走進絕對敵對的局面，而目前若即若離的冷淡關係，將隨著「銀河號」而可能進一步惡化。在可預見的未來，雙方齟齬將日漸增多。

三、「廣島亞運風波」透視、評析

今天不談政治；談體育。（註一）

說到體育，一九九四年國際體壇有兩大盛事：

一是今年九月，在羅馬舉行的第七屆「世界游泳錦標賽」，中國大陸女將橫掃千軍，把自一九五六年以來稱霸世界泳壇的美國長腿姊姊，打得落花流水，花容失色。

根據外電發自羅馬的綜合報導：第七屆世界游泳錦標賽最後一天的賽程，中國女將依然神勇無敵，再添金牌三面以及一項世界紀錄，勇奪世界冠軍。獎牌數如後：

冠軍　中國大陸　金牌十六面；銀牌一〇面；銅牌二面；

亞軍　美　　國　金牌　七面；銀牌一〇面；銅牌八面；

季軍　澳　　洲　金牌　六面；銀牌　四面；銅牌十三面。

在亞洲泳壇素負盛名的日本，僅獲銀牌兩面；銅牌一面。

上屆在西班牙舉行的巴塞隆納世界奧運會，中國大陸揚威游泳池畔的女將「五朵金花」，已漸淡出泳壇；不意卻彗星似地出現了「十朵小金花」，平均年齡不到十八歲。其中年齡最小的是十六歲女將「伏明霞」。她在十公尺跳台空翻三轉半，落水不濺水花，技驚全場，鴉雀無聲，經歷五秒，忽然爆發出如雷掌聲。伏明霞出神入化的驚人技藝，立即征服了不分種族膚色的所有觀眾。而最令人矚目的是，各國泳將所共創的十項世界紀錄，其中高達五項由中國女孩所締造。

今年國際體壇第二件盛事，是即將在日本廣島舉行的第十二屆亞洲奧林匹克運動會（有四十二個國家、地區參加）（註二）。只是選手尚未整裝，好戲尚未開鑼，而兩岸（海峽兩岸）、三地（北京、台北、東京），卻因政治干預體育事件，卯力演出三角大較勁。

從八月十七日到九月十三日，彷彿有人「捅了馬蜂窩」，台灣所有傳播媒體，幾乎毫無抗拒餘地，以全方位態勢，以超特大的篇幅報導這件熱極發燒的新聞。

是誰捅了這個馬蜂窩？不是別人，而是亞洲奧委會主席——科威特籍的阿罕默德‧法哈德親王。

今年六月，法哈德親王在台北總統府，當面親邀李總統登輝先生，以中華民國總統的貴賓身份，出席在廣島舉行的亞運會的開幕式。而最難得的是，事後證實，一位接近法哈德親王的亞奧會高層人士透露，李總統是親王邀請的唯一的「亞洲國家元首」。其前提是：「基於中華民國李登輝總統，長期以來致力推展體育，以及支持奧林匹克理想。故邀請李總統暨夫人以貴賓身份，出席第十二屆亞運會開幕典禮」。

八月十七日，日本《產經新聞》，以頭版、頭題加框報導這個獨家新聞。於是立即觸發「政治敏感症候群」：

北京憤怒；東京頭痛；台北興奮。

緊接著，產經新聞駐北京特派記者報導：在北京訪問的日本自民黨政務調查會會長「加藤紘一」，詢問中共國家主席江澤民對此事的立場，江當即明確表示反對，並面矚「加藤紘一」轉告村山首相，要「慎重處理」。

日本外務省馬不停蹄緊急磋商，並透過《讀賣新聞》放話：法哈德邀請李登輝，那是他的事，跟日本政府無關。日本跟台灣沒有外交關係，是否批准李登輝入境，是由日本政府決定的。而且還很不禮貌地表示，要李總統「自我約束」、「自肅」。

於是台北各界強烈反彈，群情激憤，眾口同聲，槍口一致：拳打西山猛虎，腳踢北海蛟龍。台北民氣沸揚，大有「文王一怒安天下」之勢。

一向被日本右翼政客、親台人士稱為「大人」、「君子」的李總統，終於在隱忍了一段時日之後，放出豪語：「這一回絕不再想讓日本輕鬆混過去！」（他有理由，他是受邀請者）

捅了馬蜂窩的法哈德，在科威特接受記者訪問，卻一臉無辜狀的訴苦說：你們中國人我真搞不懂。當初我邀請李總統，完全是基於體育的因素，是一片好心，誰知道惹來這麼大的風波。我頭痛，我真的頭痛！（註三）

因為此事，被國際體壇譏為「少不更事」的法哈德，受到科威特王室內部的批評，受到亞奧會會員國的指責，甚至引起遠在巴黎國際奧委會主席薩馬奇的關切（註四）。法哈德親王說他頭痛，可能不假；至於他的說辭，明眼人一看就知道言不由衷，是違心之論。

「廣島亞運風波」，背景曲折複雜，而且是非常政治的。

李總統想到日本訪問，是多年來的心願。

三年前，他曾經透過特殊管道，由日華關係懇談會的佐藤信二代為牽線，以京都大學頒贈李總統榮譽校友的機會訪日，以突破日本外務省的封鎖線，終因消息外洩，遭到封殺。今年三月許水德訪日，舊事重提，李總統不在意是否官式，希望以獲贈母校學位為由訪問日本，仍然未能成功。今年五月的「跨洲之旅」，希望能順道訪日也沒有達成願望。幾經挫折，李總統向身邊人說：「就是和我太太兩人空手到京都玩一下也好。」

所以說，李總統希望訪日，除了公務：爭取台灣的國際活動空間，凸顯台灣是主權獨立的政治實體。另外還有私誼：去京都重溫年輕時的舊夢。所以他不止一次向不同的日本訪客表示：他在二十二歲以前是日本人。由此可見，近半個世紀以來，李總統對殖民地母國的「孺慕之情」未曾稍減。所以他才會對第一次見面的司馬遼太郎情不自禁地說：「司馬先生，我有好多話要跟你說。」（註五）

言為心聲。這是李總統對日本的「戀母情結」的移情表態（他總覺得親娘不如養母），不是政治語言，是由衷的，很真誠。這跟他對不同的對象說不同的政治語言是截然兩款。譬如他跟「台世會」的代表談話，跟「愛盟」人員的談話，以及最近對民生報記者的訪談，因對象的意識型態不同，談話的內容常有牙咬舌頭的矛盾情形發生。

台北坊間有一本政治性週刊，有一期以此為主題的漫畫，旁白說：「我就是喜歡見人說人話，見鬼說鬼話！」可謂傳神。台北新聞界有句流行「耳語」：「要想瞭解李總統的內心世界，到日本去！」因為面對日本人，李總統才會如假包換的「肝膽相照」。

現在，機會來了。由於人、地、時的巧合，李總統訪日之行，將有心想事成的可能。人的條件是，亞奧會主席法哈德親王，他的父親在一九九〇年伊拉克入侵科威特時被殺。同年亞奧運在北京舉行時，法哈德親王抵制伊拉克代表與會，被大陸拒絕。（註六）理由是政治不能干預體育。因而結下樑子。地的條件是，今年第十二屆亞運會在日本舉行。時間的條件，恰好是美國國會議員給柯林頓總統加壓，要他改善對台灣的待遇，而日本的外交向以美國馬首是瞻。

智者創造機會，能者掌握機會。

台北高層籌畫李總統出席廣島亞運會，是一局細棋。今年三月，就已經開始打譜，到六月時機成熟。

台北高層安排政大授榮譽博士學位給法哈德。繼而李總統頒發勳章給他。而法哈德則當場邀請李總統出席亞運開幕典禮。由於前幾次挫折經驗，總統府參謀作業縝密進行。

七月二十三日，在日本舉行亞運會各國代表團團長會議。中華奧會代表曾永權先生婉轉陳述：因為我國和日本沒有邦交，希望是否可以考慮運動員以及貴賓的ID（身份證明）卡背面，蓋交流協會的章，代替日方繁複的簽證手續。因為當代表的態度誠懇，言詞得體，當即獲得各會員國代表的支持。（這也是一步細棋）解決了李總統赴日可能碰到日本外務省所設的「拒馬」。

八月十七日，日本《產經新聞》披露這個獨家報導，台北、北京、東京的角力，立即浮上檯面。而總統府仍然按兵不動，仍然靜觀事態的發展，以掌握最有利的出牌時機。

直到九月七日，我外交部告知日本交流協會台北事務所所長梁井新，李總統欣然接受法哈德親王的邀請，出席廣島亞運開幕典禮。同時補充說明，這是應亞奧會主席邀請，毋需日本當局同意。

這步細棋的殺著，讓日本外務省陷入慌亂之中。

大陸方面很快表明反對立場：

中共奧委會秘書長魏紀中向新聞界表示：日本亞奧會有關人員親口告訴他，不會發貴賓證給李登輝。如果日本讓李登輝入境，中共代表團一定拒絕出席亞運會。

香港文匯報報導：中共國家體委訓練局局長、廣島亞運會大陸代表團副團長李富，在北京宣稱：中國亞運代表團堅決支持政府的決策，隨時準備做出果斷的行動。

台北當局也不閒著。

中華奧會主席張豐緒表示：如果日本拒絕李總統出席廣島亞運會，中華亞運代表團行將採取抵制行動，拒絕參加第十二屆亞運會。（註七）同時，立法院在日本訪問的「新政會」的六名立委，由團長徐成焜代表發言：如果日本做出對我不友好動作，台灣民眾將拒買日本貨。

兩岸較勁，日本成了夾心餅乾。

日本外務省對此事的政策底線，雖早已確定，但不願意站在前台，成為被攻擊的第一順位。所以始終表示希望台北、北京、亞奧會三方協商。

據九月十一日日本《朝日新聞》報導，台北方面曾經透過特殊管道，向大陸提出條件，北京如果默認李總統赴日，一年後，台灣依大陸之期望，開始商談「三通」，但遭到拒絕。而台北方面，否認有此一說。

總統府高層人士說，李總統對此事的態度十分堅定。他有一個「大內高手群」為他打點設謀。台大政治系教授許介麟、行政院政務委員黃石城、就是其中的主要角色之一。在李總統正式亮牌「欣然接受」之前，還從日本請來國際問題專家中島嶺雄參與決策。當時的評估：利多。

一、民氣昂揚——一旦真的發動拒買日貨，具殺傷力。

二、手中有王牌——亞奧主席的正式邀請函。

三、大陸說「抵制」，是虛聲恫嚇，只能坐而言。一旦起而行，就失去揚威亞運的機會，代價太大。

四、法哈德親王一再告訴張豐緒，絕不撤回邀請。

五、日本國內，親華的勢力逐漸匯集，裡通外合。大陸如果僅停留在「放話」而乏實際行動，日本外務省不敢冒天下之人不韙。

六、如果大陸的抵制付諸實施，在亞奧會屈膝之前，台北搶先表態：顧念大陸運動員多年的苦練，如因此失去機會，實屬不忍，因此「主動放棄」。這一步是損人不利己的殺著。台灣雖因此沒有贏，大陸卻因之大輸。希望這一步棋備而不用。

形勢大好，其利在我，所以李總統才會自信滿滿地說：這一次再也不想讓日本輕鬆混過去。所以才會老神在在地對來台訪問的日本國會議員說：「我自有對策！」「什麼對策？」「天機不可洩漏，現在還不好說。」（註八）

台北高層對此事「有對策」，且看北京如何？

北京消息指出，為了處理「李登輝出席廣島亞運會」一事，國務院台灣事務辦公室、外交部以及國家體委會三個單位有關主管官員，九月十日召開會議進行討論。當時國家體委表示：抵制代價太大（正如台北所料）。因之未取得共識。第二天（九月十一日星期日）繼續進行討論，在「局部利益服從整體利益」、「國家主權不容挑戰」的大帽子下，取得結論：如果李登輝出席廣島亞運會，中國代表團義無反顧，立將抵制。

日本外務省以及科威特亞奧會總部，一接到大陸正式傳真公文書，連夜協商，並取得薩馬奇的點首，以預先設計好的方式，由法哈德親王在科威特總部發表聲明：亞洲奧林匹克理事會，在與國際運動組織及亞奧會內部磋商後，已經決定除了地主國以外，十二月二日至十六日，在廣島舉行的第十二屆亞運會，將不邀請或接待任何政治人物。

聲明中強調：亞奧會之所以做此決定，是基於誠摯與強烈希望維護亞洲奧林匹克及運動家族的和諧與團結；以及繼續努力以確保廣島亞運會的成功。

廣島亞運風波，以「除了地主國之外不邀請政治人物」收場，間接而婉轉地拒絕了李總統訪日，為各方鋪了下台階。台北方面自然不滿意，但也只好接受。

這次事件，台灣、大陸皆以相同理由「政治干預體育」指責對方。台北方面，以李總統的言論為代表：十月十五日，李總統接見美國各州新聞協會執行長何榮倫時表示：他應邀參加廣島亞運，根本是一件單純的體育活動，但卻被政治干預，令人遺憾。而大陸的「新華社」卻以嚴厲措辭抨擊台灣以體育為名義，利用亞運會在國際上製造「兩個中國」、「一中一台」，是嚴重的政治陰謀。日本的新聞界也有異聲。日本的《朝日新聞》在社論中說：亞奧會主席法哈德以地區名義參賽的台灣，邀請其總統以國家元首身份出席廣島亞運，即已先行將政治帶進體育，殊欠考慮。

一個理由，兩種說法，這就是政治。政治講究實力，有力就有理。這是國際社會的殘酷現實。大陸一說抵制，亞奧會立即屈膝，台灣說抵制，誰理你？你看今年九月的「羅馬世界游泳錦標賽」大陸隊的表現，你就會明白法哈德所說：「我真頭痛」倒是實話。

日本所受到的壓力，更是難以抗拒。所謂「有邦交」、「沒有邦交」那是場面話。今年日本正在推展「成為聯合國安理會常任理事國」的鴻圖大計，大陸在安理會有否決權，他不點頭行嗎？戰後日本從廢墟中重建，成為「經濟大國」，卻有「政治侏儒」之譏。為什麼？就是在國際上沒有發言份量。聯合國為某地區的和平而出兵，日本主動要出錢、出人，人家還不一定理睬呢。就算是經濟大國吧，還常受到美國「三〇一」報復條款的恐嚇威脅，而大陸極具發展潛力的廣大市場，日本豈能交臂失之？豈能坐視美國、德國、法國等歐體成員國捷足先登？

今年一月，中共總理李鵬向世人宣布，在二十世紀結束前的七年間，中國大陸將進行一兆美元（一萬億美元）的建設計畫，主要進口的商品是各類基本建設。這是二十世紀最後的一個經濟大餅。（註：根據《中時週刊》第一四一期第十頁：「今年年初中共總理李鵬宣佈，本世紀結束前大陸的進口總額累計將達十兆美元。」）八月間，美國商務部部長布朗訪問大陸，為美國商人爭取到五十億美元的商約。這就使我們明白柯林頓為什麼把貿易與人權脫鉤。接著大陸與德國訂了五十億美元的商約，與法國訂了二十五億美元的商約。英國商人一看勢頭不妙，於是，組成了一百多人，被稱為歷年最龐大、最具實力的訪問團直奔北京，還唯恐北京不高興，拒絕了政府官員的參與。

根據今年（一九九四）八月十一日台北新聞報導，經濟部發佈今年上半年大陸經濟情勢分析，大陸進出口貿易額，已接近一千億美元，排名躍居世界第六大貿易國，僅次於歐體、美國、日本、加拿大、香港。到今年（一九九四）六月底，大陸擁有三百億美元外匯存底，比年初的二百多億(※)，成長率高達百分之五十。

關心台灣經貿發展的人士應該記得，民國八十年（一九九一）農曆十二月底，李總統請台北工商界的龍頭人物吃尾牙，當酒酣耳熱、舉杯互祝之際，李總統語重心長地對在座的工商大老說，不要急著去大陸投資，等一九九四年看清楚大勢後再決定是否去投資。李總統預言式的談話，當時頗引起台北新聞界以及工商界的關注、討論。雖明知必有所本，但苦無結論。現在一九九四年漸將夕陽銜山，而大陸並未出現警訊。做生意精極而鬼的日本豈有不把握商機，捨大餅而就芝麻之理？

日本外交，向來看北京臉色，自失國格，那是他家的事。但它常以踐踏台北的方式以討好北京，而台北當局，卻習以為常，實在可悲。

今年七月二十四日，日本副首相兼外相的河野洋平，從漢城搭機前往曼谷，出席東南亞國協擴大會議，因途中天候惡劣，飛機降落在台北中正機場避難。當河野在曼谷與江澤民見面時，卻自動解釋說：「我在飛機臨時降落在台北機場時，並沒有與台北官方有任何接觸。」（彷彿台北官方是愛滋病患者）而江澤民聽了，只是「一笑置之」。這則頗具新聞價值的新「官場現形記」，卻沒有引起台北傳播媒體的興趣，而我們的外交部，也只是說了一句不具「價值判斷」的中性話：「不可思議」。

在國際政治舞台上，日本人善於扮演「變臉」的角色。對大陸曲意逢迎，常以「熱臉貼冷屁股」。對台灣卻仍然「優越感十分膨風」。那些「進出支那無罪論」的戰犯餘孽，雖然對李總統讚譽有加，稱他為「大人」、「君子」，但那榮耀也只僅及於李總統一身，台灣的平民百姓是分不到半點餘潤的。

直到今天，日本人仍以看待殖民地的眼光看待台灣。一些來台灣觀光、買春的日本人，那種昂首闊步的氣概，在北京是看不到的。二十幾年前黃春明筆下〈莎喲哪啦　再見〉中所描述的日本人的嘴臉，至今仍未改變多少。

如果我們台灣人以為有錢就是大爺，那就錯了。日本人一年從台灣賺去一百多億美元，把我們辛辛苦苦、忍氣吞聲從美國賺來的錢，統統掏光。美國可用「三〇一」來擠兌、壓迫我們；而我們對日本又能如何？多年前趙鐵頭趙耀東當經濟部部長時，曾經很想「回敬」一下，結果無功而罷，今日檯面上的人物，更無足論矣。這才是台灣的悲哀。兩岸貿易，大陸明擺著「以民逼官」、「以商促政」，而當局明知虎山難行，卻無法拒絕走上不歸路。所謂大勢所趨，莫之能禦，這才是台灣的悲哀。

廣島亞運風波雖已落幕，但海峽兩岸在國際舞台上所凸顯的「國家主權不容挑戰」、「台灣是獨立的政治實體」，外帶清粥小菜「摩西出埃及記」（註九），所謂「國統綱領」，所謂「和平統一」、「一國兩制」將成明日黃花，將成曇花一現的歷史名詞。

今秋，台灣海峽風起雲湧，「東海四號」戰鼓咚咚，「漢光十一號」砲聲隆隆。

台灣，往何處去？

一九九四年九月三十日

二〇〇五年七月二十四日　再次校訂

（註一）政治與體育，實難割離。運動員在國際賽場得獎牌「升國旗」、「唱國歌」，是很政治的，台灣的運動員得獎牌，唱的不是國歌，升的也不是國旗。其理相同。

（註二）亞奧會有四十三個會員國，本居亞運，北韓因故未出席。

（註三）九月二十三日新聞報導：法哈德親王說：「不管任何壓力，亞運後，他都要來台北致歉。」他原想以台北為籌碼，報北京一箭之仇，結果傷的是他自己。他被台北當籌碼用，卻不自知，其愚可知。他想跟中國人玩政治，門兒都沒有。

（註四）廣島亞運會組委會主席「古橋廣之進」，九月三日在巴黎與國際奧委會主席「薩馬奇」會商，並取得處理廣島亞運風波的共識。

（註五）見李總統與日人司馬遼太郎對談「生為台灣人的悲哀」。

（註六）亞奧會會員國以多數票決，拒絕伊拉克代表參加十一屆在北京舉行的亞運會。

（註七）見日本《朝日新聞》報導。

（註八）李總統接見日本自民黨眾議員訪問團時，有團員問李總統「面對中共的強力恫嚇，請問有沒有對策？」李總統笑說：「當然有對策！」「什麼對策？」「天機不可洩漏，現在還不便說。」

（註九）見「生為台灣人的悲哀」。李總統以摩西自況，頗引起議論。

（※）民國九十四年（二〇〇五）年八月六日新聞報導：

據「中央銀行」統計，到今年七月底止，

1日本外匯存底：八千二百一十九億美元

2中國外匯存底（六月底止）：七千一百一十億美元

3台灣外匯存底：二千五百三十五億六千兩百萬美元

4韓國外匯存底：二千零四十九億二百萬美元

5香港外匯存底（六月底止）：一千兩百一十二億二千四百萬美元

6新加坡外匯存底：一千一百五十二億一千六百萬美元

殷憂看世局

四、冷戰遠颺．貿易戰開打

一九九六年九月，報紙上有兩則新聞，引人注目。

一則是近在眼前，一則是遠在天邊。

遠在天邊的是：九月三日，美國對伊拉克發動從一九九一年波斯灣戰爭以來，規模最大的軍事行動；針對伊拉克南部軍事基地，發射了二十七枚巡弋彈，懲罰海珊揮軍進攻伊拉克北部的庫德族居住區。

近在眼前的是：九月二十五日，行政院衛生署署長張博雅，對於美國動不動就舉起「三〇一」巨棒對付台灣，表示了極為不滿的強硬態度。

現在先從這則近在眼前的新聞說起。

行政院衛生署中央保健局，從七月一日開始，實施醫療器材核價新制，引起美國醫療器材商不滿，認為未能尊重他們的商業利益。於是透過國會議員給柯林頓總統加壓力：白宮遂以台灣採行「不透明」的「不公平貿易」為由，以超級「三〇一」為武器，要求台灣限時派員到華府解釋、協商、談判。

西方有所謂「顧客永遠是對的」這句話。現在賣東西給我們的是美國商人，而衛生署健保局是他們的顧客。而美國商人竟然如此鴨霸，要顧客移樽就教，跑到他面前解釋，是可忍孰不可忍！難怪張署長生氣了：

「我覺得不要太顧慮他們的『三〇一』，現在是他們要賣東西給我們，又不是我們賣東西給他們。搞不好的話，美國的東西都不要買，不買又能怎樣！」

健保局實施醫療器材核價新制，是為了減輕健保給付的沈重負擔，屬行政裁量權。是世界各國政府經常採用的權宜措施，並不違反世界貿易組織所訂立的共同遊戲規則。如今，連這一類的行政裁量權，都要跑去跟美國政府解釋、協商；台灣雖有近千億美元的外匯存底，卻竟然無法維護處身國際社會所應有的尊嚴。

多年來，歷次中美貿易談判，每當美國一舉起「三〇一」巨棒，毫無例外地就可「不戰而屈人（台灣）之兵」。而受辱最大、損失最重、貽毒最深的則是一九八六年的中美「菸酒談判」（主要是菸，酒靠邊站）。

中美菸酒談判，從當年的八月下旬開始，打破國際貿易單項談判的紀錄，為時八天，夜以繼日，最後我方終於在「廣告」、「計價」兩個主要關鍵問題上棄守，訂下了「城下之盟」。而最令人感到恥辱的是，台灣的美菸代理商，吃裡扒外，暗中協助美商，提供「商業情報」，使得美方能掌握我方的談判弱點。

十年來美菸如錢江大潮，衝關而入。君不見雜貨店、檳榔攤、售票亭、二十四小時店、超市、百貨公司專櫃以及大街小巷的零售端點，盡是洋煙的天下。而公賣局節節敗退，甚至連招牌貨「長壽」，也相顧失色。

當時，雷根政府以三〇一為武器，堅持台灣開放菸酒市場，以平衡雙邊貿易，減少逆差為理由。而其深一層不足為外人道的是，共和黨的大金主，美國南方的大菸草商給白宮加壓力所致。

八十年代，美國民間反菸運動風起雲湧。當時美國五十個州，有十個州立法嚴禁在工作場所吸煙。美國「大陸航空公司」率先提出給不吸煙乘客百分之十的折價優待。華盛頓一家電子零件工廠老闆華納・麥克費森，在七〇年代就立下廠規：「嚴禁吸煙」。他說，「我的母親吸煙，煙癮很大，後來死於肺癌。」

當時美國西部禁煙運動最熱烈，一部〈一個西部牛仔之死（尤勃連納之死）〉的禁煙運動影片，給美國的癮君子帶來極大的震撼。

美國國內香菸銷售市場，逐年出現負成長，美煙商望風轉舵，透過國會議員給雷根政府加壓，仿效污染工業，向第三世界以及開發國家輸出。南韓、台灣、中國大陸，被認為是最具開發潛力的消費市場。

這就是在「平衡貿易」的「正當性」之下，遂行其「己所不欲，就施於人」。豈止是賺你的錢而已。

八〇年代以降，德國、日本以及其它新興工業化國家的國際貿易快速發展，同時美國的產業大量外移，導致美國國際貿易競爭力逐漸衰退，對外貿易赤字劇增。根據美國商務部統計資料，美國對日貿易逆差，在一九九二年暴增至一千三百億美元。於是美國的貿易政策轉向以「公平貿易」為重心，不斷要求貿易對手國開放市場，並以「公平貿易法」三〇一條報復條款為武器，課徵百分之百的懲罰性關稅。法國、德國、日本、澳洲、加拿大、墨西哥都曾遭到懲罰性關稅報復，最後都是舉白旗投降。

根據我國國貿局統計資料指出，十年來，美國的三〇一條款一共動用了九十一次，範圍幾乎涵蓋世界各主要貿易國。次數最多的是歐洲的法國與亞洲的日本。這就是往後日本、法國對美國大聲說「不」的潛在因素。

最好的特效藥，亦只能偶一用之，次數多了，自然出現「效力遞減」現象。美國的三〇一條款，使用頻繁，雖然打遍天下無敵手，而受懲的貿易伙伴自然也會產生抗體。再加上歐體（十二國）、日本、泰國、南韓、中國大陸等國家經濟實力與年俱增，因之對「三〇一」說「不！」的聲浪慢慢浮現。

三〇一貿易報復條款，是美國的國內法，並非國際上共同信守的規則。但是由於美國的經濟體系龐大，以及超過歐體十二國的廣大消費市場，是世界各主要貿易國無法割捨的市場大餅。所以當美國一舞起三〇一巨棒，包括歐體龍頭的德法兩國、「經濟巨人」的日本，以及「明日之星」的中國大陸，無不禮讓三分，甚至望風披靡。但事有常理，法無常規，從九〇年代開始，情勢有了轉變。

自從蘇聯解體，冷戰落幕，北大西洋公約組織國家，突然失去強敵，還來不及從迷惘、喜悅、失落中清醒過來，另一種隱形的戰爭卻慢慢地浮上檯面——那就是直接影響到人們實際生活的貿易戰。

首先登場的是一九九二年美國跟歐體的白葡萄酒之戰，或稱油菜籽之戰。衝突點是美國指控歐體十二國，對油菜籽不當的補貼政策，使得美國農民每年損失高達十億美元。雙方的貿易糾紛，歷經五年談判而無法解決。這一年，美國大選落幕，「跛腳總統」布希，終於向「GATT」（關貿總協——世界貿易組織前身）提出控訴，要求仲裁。但經過兩次費時極長的仲裁過程，歐體拒絕在「農業補貼」上同意削減。於是，美國就在一九九二年十月六日宣布：以法國為首的部分歐洲農產品，課徵百分之二百的超級三〇一懲罰性關稅。這是美國有史以來最強烈的貿易制裁手段。

歐體各國外長於十月九日在比京布魯塞爾集會商討後，在記者會宣布：歐體認為應避免與美國發生貿易戰。但是如果美國堅決不放棄制裁手段，歐體不惜一戰。在歐體十二國中法國最主張強硬反制，因為一旦退讓妥協，著名的法國白葡萄酒年損失將達一億兩千萬美元。

世紀末貿易大戰，似乎有一觸即發之勢。

北大西洋公約組織秘書長沃納，在北約總部布魯塞爾向記者指出，冷戰期間，美國與歐洲盟國就時起貿易摩擦，但彼此採取較為抑制的態度，以免影響歐洲安全。現在冷戰結束，雙方都有一洩積怨的心理慾求。一旦制裁與反制裁開打，彼此都將遭受嚴重的經濟後果。他呼籲有關國家不能逞一時之快，應從實際的長遠的利益考慮。

大西洋兩岸的貿易戰，由於歐體各國的利益並不一致，因此內部出現了異聲。例如歐洲農業事務專員兼首席談判代表，愛爾蘭籍的馬沙，因為與歐體執委會主席法國籍的戴洛意見不合而離職。另一位談判代表，歐體對外關係專員安德瑞生，也因主張與美國妥協而與戴洛起衝突。而英國的媒體則把矛頭對準法國的戴洛，指責他為了討好法國的農民，任令談判破裂。最後終於在法國小讓一步，使這場貿易戰雷聲大雨點小收場。但這是一個警訊，素來所向無敵的三〇一，第一次遭到強烈的大聲的「不！」這是剛開始，而不是結束。

諷刺的是，就在這一年，美國因為本身小麥補貼問題，遭到澳大利、加拿大與阿根廷聯手，被一狀告到GATT。那是小蝦尾與大鯨魚之戰，並未引起世人注目而已。

就在這一年，日本卻悄悄地拓展美國市場，造成美國對日貿易赤字擴張到一千億美元以上。柯林頓總統的高級幕僚建議，對日本要採用更嚴厲的手段，責成日本在三年內，對外貿易盈餘削減一半。於是引起東京的全面性反擊。

一九九三年五月二十一日，日本內閣發表一九九二年「貿易白皮書」，包括大藏省、通產省、經濟企畫廳以及東京銀行等財經首長，齊一口徑，要求美國在設計削減外國的貿易盈餘前，先反求諸己，先提升本身產品的競爭力。這是東京與華府「政治越走越近」而「貿易衝突愈來愈嚴重」的新一波的全面反擊。

美國在兩洋貿易戰中遭到頑強的抗拒，令吾人不得不想起今年九月，美國醫療器材商人，在台占百分之四十市場，年銷售額達六億三千萬美元，卻能恃強凌弱，欺人欺到顧客家屋裡來。除了衛生署長表示了不滿外，我們的財經大員，個個彷彿不食人間煙火，人人彷彿上大廟打啞禪。有理總該說一說吧！你越表示溫馴，越不抗顏力爭，人家就越把你看扁了。法國人說得對：「美國只尊重反抗他的人！」

柯林頓派飛機到伊拉克丟飛彈，國際上一片指責聲。美國想利用聯合國譴責伊拉克，在安理會遭到否決。在西方只有英國表態支持。在第三世界的中東、非洲，只有噓聲。在亞洲四十二個國家及地區，除了日本，只有在台灣的中華民國的外交部，發表聲明表示支持。

我們的務實外交不是要「走出去」嗎？不是說政府首長要有「國際觀」嗎？現在卻只有「美國觀」！你要「走出去」，左鄰右舍誰看得起你！最近新加坡資政李光耀對國民黨立委所說的話，不是無的放矢，而是有感而發。

有這麼一句話：做人要做受敵人尊重的人，不要做受朋友輕視的人。可憐！台灣卻屬於後者。

關心國事的人也許會說，沒有辦法，美國是台灣的主要外銷市場，海峽安全靠美國的保護傘。雖言之成理，其實是短視淺見。美國政府不是慈善局，也不是對台灣情有獨鍾，他遠隔重洋來維護台海安全，只是為了美國本身的利益。如果有一天他扛不動了，如果有一天他認為再扛下去反而吃虧了，他就會把你丟了。這種例子太多了。雖然我們不必得了便宜還賣乖，至少要表現得有骨氣一點，有格一點嘛！外交部何必趕著表態呢。其實你不說還可以藏拙，說了，反而貽笑四鄰。更何況美國不見得領你的情。他要訛詐你照樣訛詐，不會手軟的。

現在我們不妨回頭看看對岸。美國同樣是他們的主要外銷市場。對美貿易順差逐年增加。

據今年八月二十二日新聞報導：「中共超越日本，成為美國最大的貿易逆差國」。光是今年六月份的一個月，大陸對美順差就高達三十三億美元。當美國商務部一公布這個統計數字，北京當局立刻展開反擊說：美國對中國（共）貿易出現赤字的原因，是美國的自我設限以及對中國的歧視性待遇所造成，例如美國限制對中國高科技產品出口。意思是說，我要買的你不賣，怎麼怪我多賺你的錢。

今年五月十三日，中（共）美雙方代表在北京舉行五年來最後一輪的智慧財產權談判，結果破裂。

五月十五日，美國公佈貿易制裁清單，金額二十八億美元。同一天稍後，中共也宣布反制裁清單，金額超過三十億美元。

中（共）美智慧財產權談判，從一九九二年一月十七日首輪開始，經過九輪長達二十個月面對面的談判。到一九九六年五月十三日正式宣佈破裂。

有關智慧財產權談判，美方是有遠程戰略目標的，剛開始先撒一張大網，然後一點一點收緊。先是由一九九二年的「迫使中國加入國際各項版權公約」，接受國際規範。接下來是一九九五年的「加強取締工作，關閉盜版工廠」。最後意圖敲開中國的「影音市場」。

影音文化產品市場開放，無可避免地直接涉及意識型態問題。一向對「和平演變」以及「美國文化侵略」極為敏感的北京當局，認為已到了「不該讓絕不讓」的底線。北京當局所顧慮的並非杞人憂天，而是有歷史背景的。

早在一九九三年一月十三日，即將出任柯林頓新政府的國務卿克里斯多福，在參院外委會作證時說：「新政府的策略，是要促成中國的和平演變。」克氏同時宣稱：「新政府支持設立擬議中的自由亞洲電台。」而這個電台則是被賦予在中國大陸內部製造和平演變的任務。

根據法新社一月十四日發自北京的報導：美國新任國務卿在國會作證時說，美國政府將透過致力中國大陸內部的經濟政治自由化的力量，來進行一場規模更大更廣泛的和平演變運動。

洞悉冷戰時期美中情局海外運作的人士自然知道，自由亞洲電台，無異是自由歐洲電台的翻版。一九五六年匈牙利抗暴事件就是由中情局幕後操控指揮的；而是由於情報失誤而導致血流成河慘劇。一九五七年，美國國會為此召開聽證會，調查自由歐洲電台在該事件中應負的責任。今天，北京當局對美國要求開放「影音市場」採取強硬的抗拒立場，不難理解。於是中國傳媒提高音量宣稱：沒有福特開豐田，沒有柯達用富士，沒有美國電影不會餓肚子。美國輸掉的是中國廣大的市場。

香港大公報、文匯報五月十五日同時發表評論指出，中國不願見到貿易大戰，但如果美國一意孤行，中國將會奉陪到底。美方最後將因中國的反制而損失更大。

五月下旬，國務院副總理朱鎔基率領近六十人的貿易訪問團訪問東協各國，他向採訪記者表示：「我不擔心。美國開了一張制裁清單，而我寫了一份購買美國飛機的清單，就不只三十億美元了。」朱鎔基還進一步表示：美國商務部長昨天在新加坡說，美國制裁中國的措施是不會實現的。而美國的中國通羅德卻說，制裁是一定要的。他們兩位各說各話，我不知道聽誰的。所以，更不必擔心制裁問題了。

講大話要有人相信，說硬話要憑實力。即使實力稍遜，如有外力奧援，情勢也有可能改觀。很意外地，在這場貿易戰中，後冷戰期世界唯一超強的美國，竟然陷入孤軍作戰的窘境中。

一向在國際政治舞台上是美國應聲蟲的日本，卻在這場貿易戰中，向美國澆冷水。

國際前鋒論壇報五月十五日報導，日本通產省通商政策局局長細川說：日本跟美國一樣，對中國猖獗的仿冒感到憂心，但我們反對違反世貿組織規定的片面制裁措施。這是基於我們的經驗，日本的汽車和半導體，曾遭受到美國的片面制裁。

美國主管亞太事務的助理國務卿羅德，六月十一日在參院外委會作證時說：由於歐盟（歐體的前身）及日本等國積極向中國爭取合同，因之廉價出賣了美國的中國政策，導致了美國在與中國交涉智慧財產權保護戰中遭到挫敗。他說：日本及歐盟扯美國的後腿，卻又同時佔盡好處，搶中國的合同。他並舉例說：當美國在中國賣力地掃蕩智慧財產權被仿冒、盜用時，受益最多的是日本的新力公司及德國的伯泰爾斯門公司。而這些公司在華府運作遊說團體，希望美國政府對中國採取強硬作法。然而在此一同時，德國、日本政府對美國的貿易政策卻袖手旁觀，甚至藉機撈取自身的商業利益。

就在羅德氣憤填膺，極為粗暴地指責歐盟及日本扯美國後腿的前後，德國、英國、歐盟卻紛紛組織龐大的貿易代表團，開往北京。較引人注目的有：

五月七日，歐盟副主席布列坦率團訪問北京，與中共簽訂合同，範圍涵蓋智慧財產權、高等教育、乳品以及水牛開發等四方面的合作計畫。

五月十八日，英國副首相兼首席大臣赫塞亭，率領英國有史以來最大的貿易訪問團，到北京訪問一星期。

六月二十一日，歐盟執行委員會宣布，歐盟決定將中國某些商品的進口配額增加百分之二到百分之十。同時汽車音響和手套的配額也取消。

十月二十日，德國外長金克爾率領二十名德國大企業家組成的貿易代表團，到北京進行為期五天的貿易訪問。

這種搶市場扯後腿相沿成風的背後，顯示了正在向開發途中邁進的中國大陸，滿含了無限的商機。

中美智慧財產權之戰，由於中共展現了強韌的貿易能量，以及國際大氣候所透露的訊息，因而促使華府當局，主動於六月六日，派遣代表李森智前往北京，重開談判，接著六月十七日繼續會談，在雙方各讓一步的妥協下，終於達成協議。

據熟悉大陸政情的人士分析，中共高層在「服從大局」的遠程戰略目標下，開放「項目確定、數量限定」的影音市場，而所謂「大局」，是指發展經濟與解決台灣問題。不久，美國與中共的交往，顯然熱絡起來。

先是七月份白宮安全顧問雷克，訪問北京；繼而限武暨裁軍署長到北京，商談雙方不以核武互瞄問題。接著美中情局秘密派員前往北京；以及國務次卿將於十一月前往北京參加雙邊會談，同時為國務卿克里斯多福十二月訪問中共，預作安排。而具有指標性的則是美主管亞太事務副助理國務卿魏德曼，於七月十八日在華府向新聞界表示：美國希望中共國家主席江澤民明年（一九九七）上半年訪問美國，而柯林頓總統則在明年下半年訪問中國大陸。

就在這一段時間，華府相繼傳出「修復與北京關係，協助中共加入「WTO」（世界貿易組織）」。據美國前貿易署副代表莫格倫在東京表示：柯林頓對自己的連任以及中國大陸的經濟發展很有信心，所以產生了協助中共進入「WTO」的決策。

但是，美國密西根大學一位對中共有長期研究的教授透露：十年來，中共吸收外資超過一千五百億美元，大多投資在出口製造業，使得中共十年來外貿增加了四倍，在世界貿易市場具有不可忽視的影響力。因之歐盟及日本希望中共加入「WTO」，以利約束中共按照國際貿易規則行事。只因美國柯林頓政府，誤判中共入會的意願，提出令中共難以接受的條件，而一直遭到歐盟及日本的抱怨及壓力。恰好中共駐美大使館發言人于樹寧，在華府記者會的發言，為上述評論作了注腳。

于樹寧說：中國自從申請恢復會籍（GATT），九年來已在「自由化」方面，做了最大限度的努力。中國是一個開發中的國家，追求小康是邁向二十一世紀的努力目標；目前中國仍有六千五百萬人，處在貧窮線邊緣。我們必須在權利和義務之間取得平衡。中國不會為了遷就某一大國，而放棄其基本利益。

今天，無論我們是否接受，中共與美國的關係，顯然有了「突破性」的發展。而這趨勢，無可避免地衝擊著正處在僵局的台海兩岸關係。目前海峽兩岸以「戒急用忍」和「以商促政」做馬拉松式的拔河比賽。而時間似乎並不站在台灣這一面。

我們是否應該聽一聽，新加坡資政李光耀先生向執政黨立委所說的話：

一、五年前，台灣經濟力比大陸強，現在情況改觀了。

二、加入聯合國問題，暫時擱一擱，以後再談。

三、兩年來，中（台灣）新（嘉坡）關係倒退，他感慨良多。

四、近年來，台灣跟東南亞國家，漸行漸遠。

五、不要單靠「遠親」美國。

六、應與「近鄰」東南亞國家多來往。三月台海危機，除了新加坡，沒有東南亞國家替台灣說話。

在中央各部會中，我們有頗多留美碩士博士級的首長，所以處理國際問題時，多的是「美國觀」，缺少的是「國際觀」。李光耀先生的話雖然逆耳，卻是忠言，值得政府高層以及朝野賢達一思，再思。

一九九六年十一月三日　脫稿於陽光山林

二〇〇五年七月二十四日　再校訂

附錄

附件一：〈「鴨霸」的美國〉

中國時報（1996.9.26）

中華民國行政院衛生署的上級單位是誰？行政院？立法院？總統府？還是美國貿易代表署？從主權和法律來說，前三個都算說的通：不過美國貿易代表署顯然覺得自己才是大老闆，這就讓人看不懂了。

為了台灣衛生署醫療器材核價制度問題，美國又舉起超級三〇一的大棒，還緊急要求台灣派人到華盛頓解說，美國把台灣當成什麼？還好台灣還有個張博雅，她直言說：「我覺得不要太顧慮美國的三〇一，我們一聽到三〇一就嚇得要死。現在是他們賣東西給我們，又不是我們要賣東西給他們，搞不好的話，美國的東西都不要買，不買又怎樣？」張博雅精神可嘉，美國有個嚴重的態度問題。

冷戰結束以後，美國以世界唯一超強的高姿態，幾乎跟世界各國都發生貿易摩擦。其引述的法律都是美國的國內法和行政命令，而不是世界貿易組織的有關規定。問題是，其它國家有什麼義務去遵守美國的國內法？尤其當它還往往不符合世界貿易組織的有關規定。結果就出現美國國會通過法律，懲罰投資古巴的外國公司的荒謬事情，如此自然惹來反感，引起歐洲相關國家群起攻之。今年三月間，美國航母駛進台海以後，美國對台灣的態度一方面稱許、親切，一方面又流露台灣虧欠美國的心態。迫使台灣只能根據美國的規範行事，而且東西要跟美國買，價格還比別人貴，實質上這跟逼迫台灣繳納「保護費」又有何異？

附件二：〈台灣不是美商品外銷次殖民地〉

中國時報（1996.9.28）

部分銷台醫療器材有瑕疵　或不符驗收標準　影響我國民權益　白宮應予正視

〔記者溫貴香調查採訪〕美方以我國醫療器材定價有歧視美商之嫌，祭出超級三〇一。但是，部分美商在台銷售的醫療器材不是不符我國驗收標準，就是以在美已回收的瑕疵品在台銷售，既不尊重我國法律，也影響我國人民權益，美國政府也應正視這些問題。

這一波三〇一風波中，美國醫療器材商強調利益受損，但國內某家醫學中心曾發現，由美國進口的一台呼吸器，因為控制氣體流向的氣閥設計不良，會導致病人應該排出的廢氣沒有排出，若病人因此吸入二氧化碳濃度過高，可能窒息。另有一家大型醫院也發生過一起麻醉機使用意外，美國醫療界早就在三年多前警告這類機器有潛在性的危險，這兩起意外都在院方人員及時發現，未釀成不幸，而這些儀器都是美國本土已經回收的產品，廠商卻未把資訊告知我國。

台大醫院醫工室技士陳志宏表示，美商「壯生和壯生」公司曾把美國需要回收或更正的產品賣給台大：貝克曼公司也曾把不符合驗收標準的一種生化檢驗儀器超高度離心機賣給台大，經院方檢測查獲，要求廠商更正。這兩家供應商都是世界著名的品管相當嚴格的美國醫療器材公司，尚且發生這類問題，更何況其它中小型廠商。

也有醫院指出，該院曾在拆封進口醫療儀器時發現。儀器上有「不適合人類使用」的標誌，經追查才知道，這台儀器裝箱銷台時，未取得美國食品管理局（簡稱FDA）的許可證。這些醫療瑕疵品能夠進口至我國，我國政府把關不嚴難逃其責，但是美國政府允許業者輸出可能危害人體健康的醫療器材，也難脫管制疏失之嫌。

在醫療器材銷售價格方面，台北某醫學中心指出，某家美商銷售一台雷射處理影像的機器，光是控制機器的錶板，報價就達新台幣七萬多元，因為美商把行銷管理的費用加倍附加在產品價格上，而且產品的精密度也沒有我國自製的電腦電路版精確。經院方向廠商抗議，廠商降價三成，原本七萬元的儀器只賣了四萬多元，美商對產品定價的主觀與不實，可見一斑。

國內某家醫療器材業者也表示，有些美商把在第三國低價生產的醫療器材，比照在美國製造的價錢，高價賣到台灣，這類情形相當多見。

陳志宏目前也是中央標準局醫療器材審查委員會主席。他表示，美國是醫療器材檢驗高標準的國家，尤其是醫療器材上市後的監視更加嚴密。多數醫院都設有醫療器材意外事件處理危機小組，一旦發現儀器有問題，就立刻通報美國食品藥物管理局（FDA）。FDA會視危害情節輕重要求廠商立刻重新訓練示範醫療器材操作人員、加註警語、產品更正、甚至全面回收。所以，美國廠商在本土販售醫療器材後所提供的售後服務與器材維修都不敢怠忽，在我國則付之闕如。

他更說，在美國還有臨床工程學會透過世界衛生組織（簡稱WHO）不定期到各地，針對當地使用美國醫療器材的醫院之臨床應用技術進行評估，督促醫院改善。在美國要求我國醫療器材訂價要秉持國民待遇精神的同時，美方也應秉持國民待遇的精神，給予我國使用美製醫療器材技術的協助，不該因國家不同而有所差異。

附件三：〈菸害（二章）〉

中華日報　中華副刊　林學禮（1986.10）

第一章：反菸運動的兩條戰線

煙毒之害，在醫學文獻上早經確定。從民國七十年起，我國十大死亡病因的首位都是癌症；在諸多癌症中，以肺癌高居榜首；而肺癌又與吸煙有密不可分的關係。因吸煙造成國民健康的損害，生命的喪失，以及所付出的「社會成本」，其總值遠超過公賣局從售菸所獲的二百億台幣收益。

所以，董氏基金會，消費者文教基金會所推動的反菸運動，實具福國利民的時代意義。拙見以為反菸運動有兩條戰線。一是勸癮君子戒煙；二是勸年輕人拒做癮君子的「菸火傳人」。

勸癮君子戒煙，不容易。癮君子拒戒的理由一籮筐，意志堅決，極難動搖。其一是：我一生不嫖不賭，不酒不舞，吸煙是唯一的愛好，連這一點都要戒，活著有何樂趣？其二是：我抽煙少說也有四十年，還不是好好的。現在入土半截了，戒什麼嘛！其三是：抽煙於我有利，一菸在手文思泉湧，戒掉煙，只有擱筆。其四是：老李是公賣局拒絕來往戶，煙酒不沾，嘿！住榮總加護病房啦！啥病？肺癌嘛！我抽煙三十年，體健如牛。說罷，「嘭！嘭！」拍胸證明。其它理由，不一而足。

癮君子誰的話都不聽，只有醫生的話，另當別論。人吃五穀雜糧，生病看醫生總是難免的，不管什麼病，只要醫生提出「戒煙」勸告，癮君子再勇敢，多少總會聽的。

所以反菸運動，應向全國醫師伸出雙手，請他們收起冷漠，放出熱情，向龍頭大哥施純仁署長看齊，積極參與反菸運動，在治病救人的本業之外，另添新頁。

爭取青少年，是反菸運動者與菸草商角力的主戰場。

菸齡下降，菸口上昇，是近年來頗令人憂慮的時代傾向。董氏基金會民國七十五年所做調查顯示，台北市國小高年級學童，有吸煙經驗者佔百分之十一。如何勸導青少年拒做「菸火傳人」，更是迫不及待的事。

假日到鬧區走走，超級商場、百貨公司、咖啡屋、遊樂場、電影院、麥當勞速食店，到處可見十四五歲的青少年，男男女女，口中叼根煙，手勾同伴肩，目中無人，傲然自得。一旦洋煙一登陸，促銷活動一展開，「俊男美女」的畫面一呈現，能拒絕者幾稀！再加青少年好奇、好新、好洋、好裝老大，就算尚未被「燻」，也自然會「少年不知菸滋味，你我大家來一支」。

所以反菸運動，應向全國教師伸出雙手，請他們放下鞭子，綻開笑容，讓學生暫時丟開書本，向董氏基金會要求介紹「菸幕」或者「二手煙之毒害」、「香菸與癌症」之類的書籍做課外閱讀；再來欣賞「尤勃連納之死」或者「西部牛仔之死」等短片。耳濡目染，潛移默化，自有免疫宏效。

好，讓我們同聲朗誦：

少年正成長，好奇也難免；

誰知手中菸，口口傷身體。

第二章：見利豈可忘義

八月下旬，在台北舉行的第四回合中美菸酒談判，此間的美菸代理商，扮演了頗遭物議的角色。而代理商也有說詞：我們賺的是佣金，是蠅頭小利；我們只是生意人，無論能力地位，都不夠資格與美國代表接觸。

言之似乎成理，深一層看，則未必盡然。

熟悉政情的人士都知道，此間的代理商，皆非等閒之輩。例如代理美國第二大菸廠雷諾，以銷售溫士敦、駱駝、莫爾等品牌美菸的啟成公司，就是中國信託的關係企業。啟成公司的總經理，就是公賣局的卸職副局長。而公賣局一些已離職或將退休的熟悉行銷的高層人員，成為各代理商高薪爭聘的搶手貨。他們所擁有的「三專」（專才、專識、專密）絕學，在中美菸酒談判中，發揮了令人矚目的潛能。

八月下旬談判前一週，代理商早已與美方人員觥籌交錯，接觸頻繁。及至談判開始，更是運籌帷幄，挑燈加班，直至深夜。八天談判期間，美方代表不止一次於會議進行途中，提出更改議程的要求，以俾會後舉行幕僚會議，做戰術修正。

在「倉儲運輸」、「進口程序」、「產品標示」取得共識後，美方在「計價方式」與「廣告執行」上施出全力，字斟句酌，錙銖必較。台灣菸酒市場銷售潛力雄厚，美方估計，第一年內可佔市場百分之二十五，金額可達十億美元。故在計價上一塊錢兩塊錢的爭。談判陷入纏鬥拖延時日的原因，是美方代表洞悉我國有關菸酒的法令規章，疏漏而不周延，甚至連限制在電視做廣告的法條都付闕如。於是美方代表提出廣告「無限制」要求。其所持主要論點，是公賣局自動放棄權利，美菸是新商品，市場無知名度，沒有理由放棄做廣告的權利。同時把一些本應由我國政府法令規定的細節，如零售端點促銷方式及內容，如菸盒警語位置、字體大小等等，都提到會議桌上磨人。我方代表又不能拒絕，其艱苦歷程，實不足與外人道。筆者友人說了個笑話，他說：「徐庶投奔曹營，真心擁曹，那還有劉備的好日子過？」其言雖謔，其義則令人椎心刺骨。

煙毒之為害，早為世人所深知。香菸為「次毒商品」，也毋庸置疑。而吸食者不分男女，老少咸宜；在空間上「無遠弗屆」，在時間上「焚膏繼晷」，影響之深遠與普遍，實非當年之鴉片能望其項背。

拒煙、限煙、反煙，由於公賣制度，政府的角色尷尬。大眾傳播媒體，自然責無旁貸，全力支持董氏基金會、消費者文教基金會，推展一個「千夫所指」運動，使為富不仁者，見利忘義者，知所收斂；使未能正視煙毒之害的癮君子，捏死他手中的煙。

聯合報　聯合副刊　林學禮（1986.10.8）

附件四：〈菸草商是不好惹的〉

菸草商曾叫卡特時代推行反菸政策的衛生福利部長走路，曾設法通過對其有利的香菸標示法。現在他們想在進口台灣第一年即攻佔四分之一市場……。

美國的菸草商人，財力雄厚，呼風喚雨，當者披靡。菸草商人手中有兩張王牌，一是金錢，二是權勢。金錢是癮君子奉送的；至於權勢，國會山莊有代表他們利益的壓力網，二者交互作用，無堅不摧。

美國前總統卡特任內的衛生福利部長卡利法諾，積極推行反煙政策，觸怒菸草商，國會山莊的壓力網當頭罩落，卡特無法招架，只得請卡利法諾走路。美國國會幾經折衝通過的「香菸標示法」，其立法精神竟傾向於偏袒菸草商的利益，被輿論譏為「令人臉紅的法案」。據英國出版的「倫敦菸草調查」指出，從一九七八年至一九八三年，遠東地區香菸消費市場的年成長率，是百分之三十四點五。同時期，由於美國民間反菸運動的持續努力，社會反煙意識提高，美國香菸市場出現了負成長。於是菸草商人給雷根總統加壓力，仿效污染工業，向第三世界及開發國家輸出。韓國及台灣，被認為是最具開發潛力的消費市場。

八月下旬，中美菸酒談判（酒靠邊站，主角是煙），雙方皆全力投入，打破國際貿易單項商品談判的紀錄。夜以繼日，為時八天，但在計價和廣告兩個主要問題上，仍未獲協議。九月一日，美菸登陸韓國碰壁，對台灣民間自發的反菸運動，有精神鼓舞作用。但我們更須當心，美國菸草商人欺軟怕硬，他們把台灣看做是「軟柿子」，會加力重捏，不得不防。

據報載，菸酒談判，已於九月二十九日在美繼續舉行。我方在計價上如稍讓，自然加強美菸的競爭力。而公賣局的產品尼古丁和焦油含量，均較美菸為高。癮君子雖勇敢，屆時也可能試一試改換口味。此間的代理商已經放出豪語，希望第一年進口菸能達到百分之二十五的市場佔有率，營業額是美金十億元。恐怕不是吹的。

一九八四年，美菸進軍日本，日本人雖比我們愛用國貨，但仍然不敵美菸的強烈攻勢，全國三十四個大菸廠，已經關掉兩個，預計五年之內裁員二萬五千人。我國菸酒公賣，一向獨家生意；關門坐大，缺乏競爭力。一旦美菸衝關而入，市場萎縮，勢難避免。看來公賣制度的存廢，將成兩難之局。

至於做廣告，更是美菸草商的拿手絕活。他們捨得花大錢，其廣告活動，直是水銀瀉地，無孔不入，其威力可比擬颱風。七十年代，美國社會習俗對吸煙女性另眼相看。美菸草商出巨資精心設計一套「攻心」廣告，其總標題是：「寶貝！你已走過漫漫長路！」來突出女性獨立形象，做感性訴求。結果突破美國社會習俗防線，女性煙的銷售量與日俱增。

如果美國談判代表，以雙重道德標準，要求廣告無限制，想來難能如願以償。但令人憂慮的是，跨國菸草公司連線作業，此間的代理商，自會出點子鑽法律漏洞。君不見菸酒零售端點的洋煙促銷活動，早已全面展開，市公車售票亭、商店櫥窗，也已成了美菸廣告的據點。而桃園機場的桃勤公司，兩千多輛的手推車，美菸廣告亦早已悄悄大舉登場。

另一方面，菸草商常以慈善家的面貌出現，以鉅額金錢贊助公益事業，舉辦文化活動、藝術活動以及體育活動等等，促銷工作就在諸多活動場所自然展開。菸草公司甚至自組球隊，參加各種比賽，並由魔鬼身材年輕貌美的兔女郎表演熱舞，使成千上萬年輕的熱情觀眾，難以拒絕落入所設的「促銷陷阱」之中。

我們要牢牢記住：天下沒有白拿的錢！

拒煙、限煙、反菸運動，長路漫漫，挫折難免。我們要使出吃奶的力氣，全民覺醒，持續奮戰，才有勝算。因為，菸草商是不好惹的！

五、縱觀美國外交政策的一意孤行

一九九六年，美國在外交上連連挫敗，幾乎成了被孤立的「巨人」。

其一：遂行己意，激起眾憤

三月十二日，美國總統柯林頓，簽署了「赫姆斯——波頓」法案※，並定八月一日起實施；立即引起了軒然大波。

所謂「赫姆斯——波頓」法案，是由共和黨籍的參議員赫姆斯以及波頓聯合提出的法案。旨在針對跟古巴有經貿往來的外國廠商實施報復性的懲罰；藉此嚇阻外商到古巴投資，以孤立卡斯楚政權。

美國此項不顧國際商情，遂行己意的措施，當即引起與古巴有經貿往來的墨西哥、加拿大以及歐洲聯盟十五國的強烈反彈。

歐盟執委會宣稱：美國以「國內法」強求他的貿易伙伴聽命從事，顯然違反「世界貿易組織（WTO）所訂立的共同信守規則」。為了維護本身的權益，歐盟即將著手成立工作小組，研究對美國採取合理的報復措施。

華府不甘示弱，由商務部貿易署官員發表談話指出：美國將在短期內致函三家分別屬於法國、以色列以及西班牙的公司，警告他們可能因其在古巴投資而面臨制裁。於是歐盟本部從布魯塞爾向美國發出照會，並致函美國總統柯林頓，警告美國如果逕自執行該法案，歐盟別無選擇，只得被迫採取報復措施。

美國的近鄰加拿大的「薛瑞特國際礦業及能源公司」，首當其衝地登上即將被懲罰的黑名單。於是加拿大的「民間團體聯盟」立即以美國違反國際法，要求政府立法反制。同時呼籲加拿大觀光客，不要到佛羅里達州旅遊。而同屬美國近鄰的墨西哥桴鼓相應，聲言亦將採取類似措施杯葛美國。

六月三日，美洲國家組織的三十四個成員國在巴拿馬召開第二十六屆會員大會。會中針對加拿大代表提出的臨時動議，譴責美國限制外國在古巴投資的法案。投票結果，二十五國支持加拿大的「譴責案」，八票棄權，只有美國自己投下一票「反對票」。這是美洲國家集體行動反對美國的頭一遭。

為了安撫揚言報復的盟國，柯林頓總統下令「赫姆斯—波頓」法案「第三條」懲罰條款，暫緩實施，延後至一九九七年二月底再議。他的說詞是：將利用這段緩衝時間，協調國際社會，促進古巴民主化以及尊重人權。歐盟及加、墨等國，對此表示歡迎，但認為不夠徹底，還要聽其言觀其行，保持警覺。歐盟總部表示，對古巴的交往政策，一仍舊貫，不會因柯林頓的動作而改變，他們將持續推動報復計畫，以完全根絕該法案中涉有治外法權的惡質條款。

餘波未已，另一股反「制裁古巴」的浪潮又起。

十一月中旬，聯合國大會連續第五年通過譴責美國制裁古巴案，要求美國結束對古巴進行了三十五年的經濟封鎖禁運。支持譴責案的國家年年增加。去年表決支持譴責案的票數是一百十七票；今年是一百三十八票對三票（三票中除了美國自己一票，另兩票是以色列和烏茲別克）。

冷戰早已落幕，東西方「生死之搏」亦早已隨風而去。世界各地要求擺脫大國制約的自主意識，為不可逆轉的趨勢。美國如果仍然陶醉在昔日的扈從國成群「一呼百諾」的虛幻榮景中，則將自限於孤絕之境，是他唯一的選擇。

其二：惡性欠債，為眾所拒

一九九六年十一月八日，聯合國掌理錢財的「行政暨預算諮詢委員會（通稱第五委員會）」改選。由一百八十五國會員國代表，以無記名投票方式，選出十六個委員席位，開票結果，爆出冷門。五十年來，一直是這個有「聯合國命脈」之稱的委員會龍頭老大——美國，被排出門外。令美國代表當場發愣。

聯合國家大業大，年預算高達四十五億美元之譜。而掌管處理、出納、審核、以及運用這偌大的年度預算，就是這個第五委員會的核心組織。今年，美國第一次被拒絕在門外，意義非同尋常。

聯合國的年度開支分二大部門：

一、維持和平任務預算，約三十億美元；

二、經常性預算，約十四億美元。

美國是聯合國的大金主。年繳會費十一億美元，約佔聯合國預算的百分之二十五。九十年代的日本，外匯存底排名世界第一，是首富，年繳會費也只佔百分之十五，還差美國一大截。

所以美國代表在這個機構裡，一直是財大氣粗，頤指氣使，令人側目。

例如美國駐聯合國首席代表阿布萊特女士，有一次在會議場所，用極不禮貌的口吻對秘書長蓋里說：「我還沒說完呢！」阻止蓋里發言，使在場的各國代表很尷尬。「老闆」如此，底下伙計自然有樣學樣。

這次選舉爆冷門，不是偶然，只是遲早而已。主要因素是由於美國惡性欠債，幾使聯合國面臨「無米可炊」的窘境。

十一月十九日，聯合國員工在秘書處大樓前的噴水池邊，進行大規模示威，抗議美國為首的會員國拖欠會費，造成聯合國面臨破產困境而發不出薪金。

根據聯合國秘書處資料指出，到十月三十一日止，以美國為首的八十個會員國，一共欠了應繳會費二十五億美元。美國最多，欠了十五億美元，比其它七十九個國家加起來所欠總債，超過一半以上。美國為世界唯一超強的國家都欠債，小國窮國自然跟進。說句難聽的話：不欠白不欠嘛！

窮國欠債，情有可原，而美國是故意的，跡近無賴。

幾年來，美國一直指責聯合國浪費、無效率。你不改革，我就不給錢。其實指桑罵槐，針對秘書長蓋里而來。蓋里來自第三世界，有心做聯合國的秘書長，儘可能避免做「美國的秘書長」，使得美國十分惱火。所以拖欠會費以壓擠蓋里，以期凡事聽命於美國，這是華府一直努力在做的。

美國堪薩斯州共和黨的參議員鮑姆就公開揚言：「美國應該以拖欠會費讓聯合國聽命於華府。」這個過度膨風的主張，從去年以來就是美國政客們的主流意見。共和黨籍的「赫姆斯」參議員（就是那個惡名昭著的「赫姆斯——波頓」法案提案人之一），在《外交事務季刊》上撰文說：「美國應對聯合國下達最後通牒，如不立即改革，美國將終止他的參與。」

在這些政客的心目中，聯合國不過是為美國利益而服務的工具。

其實，美國的知識界，並非盡然缺乏遠見之士。著名的「外交關係委員會」早就指出：「積欠會費是無賴的行為，美國不應把自己的失敗推給聯合國。那將自外於國際社會。」看來，「第五委員會」模式的爆冷門事件，剛剛開始而已。

其三：一意孤行，眾叛親離

有關聯合國秘書長續任問題，是一九九六年聯大的重頭戲；是舉世矚目的焦點。可說是風雨滿樓，未演先轟動。

美國逼迫現任秘書長蓋里走路，那是司馬昭之心，世人皆知的。美國擺出的姿態是：「只要我不喜歡，什麼都不可以」。美國沒有什麼「民族主義」，近年來卻興起「朕即世界」的「一意孤行主義」。什麼事都「我說了就算」，包括把巴拿馬總統諾瑞加捉到美國審判，沒有人站出來頂嘴。

這一回，他踢到了超級大鐵板。

十一月十八日，聯合國安全理事會十五個成員國，為蓋里連任問題開了一整天會，協商沒有結果，最後決定十九日上午十時進行投票表決。

第二天投票前，美國常駐代表阿布萊特女士撂下重話，如果蓋里連任，美國國會不可能通過償還積欠十四億美元的會費；同時要求改採無記名投票。這提議充滿了不確定因素，代表們人人臉色凝重。

開票結果，十四票支持蓋里；美國一票反對，否決蓋里連任。令人驚訝的是，美國最貼心的盟友加拿大與英國，竟然也加入支持蓋里的陣營。於是，美國成了和全世界為敵的被孤立的

「巨人」。

埃及常駐代表埃拉瑞比在會場外向記者表示：我們對此結果非常滿意；這證明全球都支持非洲，以及非洲所挑選的現任秘書長。

聯合國秘書長任期五年，得連任一次。蓋里的任期從一九九二年一月一日起，到一九九六年十二月三十一日止。五年來，聯合國在全球各地推動十多個和平任務，為各地區排難解紛，卓有貢獻；為歷任秘書長中頗有作為者。這才能獲得除美國之外的十四票全票支持。

根據聯合國憲章第九十七條規定，秘書長人選由安理會推薦，經大會通過任命。不過條文中並未註明，如果安理會無法協議提出人選，該怎麼辦？

法國外交部發言人魯梅哈特說：我們可以引援憲章第十八條規定：「聯合國大會以出席三分之二多數，來決定此事為重要事務。」他說：「在安理會無法提出人選的情況下，聯大可以決定不予理會，逕行提名通過下一任秘書長人選。」

美國在聯大沒有否決權，但他有另一殺著，十四億美元拖欠不還，聯合國則將舉步維艱。美國反對蓋里連任，他的說詞是：聯合國浪費、缺乏效率。必須改革，如不換人，勢將破產。而蓋里是來自第三世界頗受尊敬的外交家。當年舉世矚目的「以埃大衛營和談」，促進中東和平，他就是埃及總統沙達特的得力助手，那時他是埃及的外交部長。

一位具有國際聲譽的秘書長，在處理聯合國事務時，自然具有比他的前任較多的發言份量。這就難免稀釋了一向「我說了就算」的美國代表的發言權。尤其是蓋里並未事事仰華府鼻息行事，嚴重抵觸了美國的利益。例如波希尼亞、索馬利亞派遣和平部隊問題，與美代表阿布萊特時起齟齬。一九九三年索馬利亞的動亂急遽惡化，聯合國決定派遣維和部隊，進行人道援助。美國先是拒絕，繼而同意出兵，但卻在佛羅里達設置指揮中心，不受聯合國節制協調。

美國派駐索馬利亞的人道援助部隊，忘了他是誰，竟然以「佔領軍」姿態出現，與當地武裝部隊發生衝突，並用機槍掃射無辜平民。在衝突中有十八名美國兵被殺，屍體被拖著遊街。在舉世訝異的指責聲中，美國只得把和平部隊撤回。

這件事在美國國內引起極大的反響。而美國的五角大廈則把矛頭指向聯合國，蓋里就成了最方便最廉價的替罪羔羊。

蓋里連任問題被美國一票否決。他在紐約時報二十日刊出的訪問中表示：他以一人之力對抗一個超強大國，毫無勝算。但他會盡力而為，成敗不計。

十一月二十九日，安理會挑燈夜戰，三度閉門密商，美國堅持不改變反對態度；但非洲國家在正式協商中一再表示，埃及籍的蓋里是他們唯一支持的人選。

十二月十七日，聯合國大會即將休會。屆時人選問題如仍未解決，從一九九七年一月一日起，聯合國將陷入「群龍無首」的亂局。由於時間迫促，各國代表加緊幕後磋商，於是遂有十二月四日蓋里的聲明：「暫時停止爭取連任活動。」不過他又補充說：雖然「暫停爭取」，但仍是「候選人」。

蓋里的舉動，引起各方揣測，一說是蓋里展現政治家的風度，暫停爭取，讓別的國家有機會提出自己的候選人，做公平的候選。一說是蓋里以退為進，他相信別的候選人很難逃過法、中、俄三國中至少兩國的否決票。到時候，聯大以三分之二多數，以「重大事件」為由，自行通過秘書長人選。

十二月六日，非洲的迦納、尼日、象牙海岸以及茅利塔尼亞四國，各自提出他們的候選人，以競逐聯合國秘書長這個職位。

從十二月十日到十二日三天，安理會一連舉行了七次非正式投票，迦納籍的現任主管聯合國維持和平任務的副秘書長安南，都名列第一，得到十票支持，但遭到有否決權的一票反對票而無法出線，正當聯合國官員憂心忡忡地說：「事情甚是不妙！」第二天卻出現了轉機。

十二月十三日，安理會經過多次閉門密商取得共識，法國「撤銷反對」，一致同意推薦迦納籍的安南擔任秘書長人選，讓整個聯合國翻騰了將近一個月的秘書長人選難題，終告塵埃落地。但美國舒了一口氣之後，卻快樂不起來。因為就在這一天，安南在美國有線電視新聞網（CNN）專訪中說：「我希望能盡力和美國柯林頓政府交涉，說服他們儘快繳交積欠的會費。」安南指出，美國拖欠應繳的會費，「讓敵友同感不滿，一個財務困難的國際組織，是根本無法發揮正常的工作效率。」

安南雖為美國所喜（留美背景），但總算為他的上司說了半句公道話。在美國聽來，肯定非悅耳之言。

一個多月來，「阿布萊特單挑蓋里」，是西方媒體的熱門新聞，卻沒有記者深入探討中國代表對此一問題的態度。如果安理會歷次非正式投票出現兩張否決票，這個由美國一手造成的爛攤子，肯定無法收拾，而責任屬誰？則自然不言可喻。

在這件事情上，美國赤裸裸地表現了狂悖自大、仗勢欺人的惡霸行徑。正如美國前國務卿伊戈柏格所稱：「毫不掩飾地發揮了帝國主義作風。」他還意猶未盡地說：「如果我們不想激怒許多國家，總得有個說得過去的理由。」

平常我們聽慣了美國掛在嘴上的「民主」、「積極參與國際事務」等等的欺世之言，現在他卻用大腳把它踩得稀爛。雖然他如願了，除了令世人「嗤鼻」之外，還能得到什麼？

現在，我們可以聽一聽柯林頓的「老虎脖子掛唸珠」的說詞。

十一月十九日美總統柯林頓在澳洲向記者宣稱：「我相信二十一世紀初期，或者五十年後，中國會是一個超強國家。美國願意與中國合作維繫地區安全。但中國必須要自己來界定『大國』的定義，是與全球各國和平相處參與世界事務，還是製造摩擦衝突。端看中國的取捨。」

真是擲地有聲，理不直而氣壯啊！

現在我們將「端看中國的取捨」這一句中的「中國」一詞，換成「美國」，不是更名實相符。更維妙維肖嗎？

柯林頓如果不知道他的手下在安理會的作為，那是糊塗、失職！如果知道（當然知道），而他竟然還大言炎炎地對中國比手劃腳、說三道四，那他是「馬不知臉長」！徒令有識之士齒冷而已。

一九九六年十二月十五日　於陽光山林
二〇〇五年七月二十四日　再校訂於台北辛亥蝸居

附錄

附件一：〈冰點關係——美國外交關係委員會警告：美與聯合國互蒙其害〉

聯合報　傅依傑紐約報導（1996.9.1）

華府與聯合國秘書長蓋里交惡，與聯合國關係接近冰點，已引起美國知識界菁英關切。知名智庫「外交關係委員會」委託外交專家進行研究，提出警告：與聯合國敵視對立，不僅嚴重傷害聯合國，也損害美國國家利益。

前副國務卿、現任美國聯合國協會會長懷海德指出，美國目前在聯合國議題上遭受國際怨恨之深，前所未見。華府與聯合國現在水火不容的關係，已幾近非理性；在共和黨國會壓力下，美國拒繳聯合國會費，使聯合國瀕臨破產；對蓋里毫不留情，一心要拉他下台，使他無法連任；這些舉措在國際引發了極大不滿，被視為霸權國家的霸道行徑。

這種情況使美國知識界憂心。前國務卿范錫、前副國務卿懷海德、雷根與布希政府時代國務院法律顧問索法、前助理國務卿威廉生等八十多名政、學界外交專家，在「外交關係委員會」推動下，組成一個委員會，由國際著名金融家索羅擔任主席，對華府與聯合國的關係進行檢討，八月底完成報告，將提交柯林頓總統與國會。

報告有三個基本結論：

一、冷戰結束以來，當美國總統對聯合國有清楚且確定的立場時，聯合國符合美國的利益，也符合聯合國本身的利益。

二、然而，聯合國目前正陷於危機中，主因包括美國及會員國拒繳會費、交付聯合國無法承擔的責任、無力量達成的任務、並將國內政策的失敗歸罪於聯合國。聯合國畢竟是由會員國所組成，只有極少權力，它最終的效能依賴於幾個主要會員國的團結一致。

三、要改善聯合國，使它更符合美國利益，主要的途徑是修正美國對聯合國的觀念，明白它是什麼，不是什麼，能做或不能做什麼。當然，聯合國需要改革、縮編，但他目前最需要的是大國能達成共識，知道在何時、何地、及如何智慧地運用聯合國。

「外交關係委員會」這份報告，反映目前美國知識階層的心聲。事實上，據民意測驗顯示，美國一般民眾對聯合國仍有相當高的支持度，甚至高於對國會或行政部門的支持。因此華府與聯合國關係搞得如此之僵，不符美國、聯合國的利益，也不符美國執政者的利益。

於此同時，一直在華府攢壓下忍氣吞聲的聯合國秘書處，近日也向各會員國發佈了一份文件，陳述「事實」。題為「攤開來說」，藉陳述事實反駁美國的抨擊，多少也有反諷美國的意味。

附件二：〈和平部隊指揮權有爭執〉　　中國時報　國際瞭望（1993.5.27）

波士尼亞問題之所以越搞越複雜，與西方國家的步調不一致很有關係，直到現在，美國與歐洲國家之間仍有意見紛歧之處。

美國對聯合國這個機構，一直把它當做工具，聯合國應聽美國的意見，美國不能受聯合國指揮。前幾任聯合國秘書長都懂得這個道理，現任秘書長蓋里卻有些不信邪，譬如在派兵維持波士尼亞和平方面，他的方案就是要所有的和平部隊都要受聯合國指揮，換言之也就是要由他指揮，因為擬議中要實踐范錫——奧文的和平方案，和平維持部隊要由聯合國特別代表史托丁堡（范錫的繼任者）控制，而史托丁堡則直接向秘書長辦公室負責。

現在估計的和平部隊為七萬五千人，除了現有者外，尚須增派五萬人，這將是聯合國有史以來最大的和平維持部隊。這五萬人中，預計有美軍二萬五千人參加。美國在軍事方面向來只指揮別人，而不願受別人指揮，當然不會同意由聯合國秘書長去節制，美國認為應該由北大西洋公約統率，北約的最高指揮官是美國人，那也就是等於美國指揮。

法國向來對美國的軍事統率抱有懷疑，所以法國部隊獨立於北約之外，現在當然不願看到美國控制波士尼亞和平部隊，所以附和蓋里的意見。

英國也不想美國控制一切，但是卻又不能與美國鬧僵，所以支持另一項變通計畫，將北大西洋的快速反應部隊的司令部從德國搬到波士尼亞，從波士尼亞由英國籍的司令官自動地將情況報告北大西洋南部地區美國籍的總司令，這樣軍事指揮可以直達北約最高司令部，由於快速反應部隊司令部由法國軍事參謀人員完全取代德國人（因受憲法規定不能派遣赴波）所以算是折衷。

附件三：〈聯合國會費 美仍居欠債榜首；曾說六月交錢，至今仍杳無音訊〉

記者傅依傑紐約聯合國總部二十四日電（1996.6.24）

聯合國秘書處二十四日公布的資料顯示，在一百八十五國會員國中，至今只有七十二國繳清今年經常性預算會費；在七大工業國（G7）及安理會五常任理事國中，美國是唯一仍拖欠經常性會費的國家。

資料指出，截至六月二十四日止，會員國共欠會費二十六億美元，美國一國即積欠近十六億美元，佔百分之六十。

美國長久積欠會費，使聯合國財務陷於空前困境，負責聯合國行政管理的美國籍副秘書長康諾斯，四月底已發出警訊，並公開說，美國可望於六月間支付約二億五千萬元拖欠會費。但至今未見蹤影。

※二〇〇五年十月十七日新聞報導：

二〇〇五、一〇、十七　中國時報　A10版

拉丁美洲十九國與歐洲「安道爾」等二十個西葡語系國家和前宗主國葡萄牙、西班牙，在西班牙古城薩拉曼卡由國家元首參加的第十五屆「伊比利亞——美洲國家高峰會議」上，由二十二個國家外交部長，在為期兩天的會議結束時，無異議通過特別公報，強烈要求美國政府立即停止「赫姆斯——波頓」法下對古巴實施九年的經濟與金融制裁。因為美國單方面的制裁，不僅違反國際法的自由貿易原則，也危害了古巴民眾的利益。

「赫姆斯——波頓」法，阻止外國企業在古巴的投資，美國法院甚至可以起訴違反該法的第三國企業。在拉丁美洲遭到大多數國家的反對。

美國在「大肆駁斥」之餘，與西葡語系國家已漸行漸遠。

六、評陳水扁與馬英九之戰

今天是（民國八十七年）十二月二十八日。台灣省的「三合一」選舉，塵埃已經落定，激情也慢慢消退。雖然陳水扁的告別演說言猶在耳，而馬英九已經「躍馬入長安」了。

事雖過而境未遷。正是冷靜思考、分析、探討的好時機。根據十一月十七日的新聞報導，陳水扁先生在美國時代週刊國際版的專訪中表示：台北市長選舉，是二〇〇〇年總統大選的前哨戰。

正因為有此認知，我才敢在晨會時間向各位同仁略評扁馬之戰，請大家指教。

今年五月三十日，是端午節。馬英九宣布參選台北市長的新聞，驚動全台；同時也引起了國際矚目。在此之前，羅文嘉與記者朋友聊天說，阿扁選市長，躺著選也選上。憑阿扁的政績、憑阿扁的人氣，躺著選也選上，不是志得意滿，也不是虛言恫嚇。

關心國是的人都還記得，五月三十日之前，台灣執政的國民黨，居然提不出「選將」，黨工們陷入群情惶惶之境。提胡志強，胡志強縮頭；提章孝嚴，章孝嚴關門不敢見記者。為什麼？怕做砲灰嘛！

三十日小馬哥一站出來，滿天陰霾經風吹，一絲陽光照人來，國民黨上上下下士氣大振，黨工們喜極而泣，連台北市議會議長陳健治也老淚縱橫：「國民黨有救了！」

馬英九一參選，阿扁不敢躺著選了！於是，坐起來選，不行，站起來選，也不行，跑著選也不行！最後連媽媽、太太都出來了，還是不行。阿扁竟然選輸了！有人搖頭、有人嘆氣、有人迷惑、有人驚訝、有人痛哭。都問：為什麼？為什麼？

我用十六個字做結論：陳水扁被自己打敗，馬英九成了吸票機。

選後，所有媒體都作了分析、檢討，包括羅文嘉、陳水扁自己在內。可惜，都沒有切中問題的核心。以名筆司馬文武為例：他說，陳水扁之所以落敗，是外省人沒有投給他票。不管阿扁的政績如何輝煌，即使達到百分之百，外省人還是不會投他票。什麼原因？族群意識作祟！這個論點，幾乎被一般人所接受。

問題來了。台北市的選民結構，本省人佔百分之七十，外省人只佔百分之三十。就算外省人全部投票給馬英九。馬英九也只能靠邊站。這次，小馬哥贏阿扁七萬快八萬票，這裡邊有極大的比例是本省人投給他的。

選前一般估計，阿扁當選不意外，小馬哥上也有可能，五五波。不管誰上，雙方票數相差不會超過兩萬票，最後票一開出來，大出意外，馬英九贏陳水扁將近八萬票。難怪台北市眼鏡店生意大好，現貨供不應求。

陳水扁在台北市執政四年，您去市府洽公，一天就好。可是在舊市府時代，公務員上班有四態：抽煙、看報、喝茶、聊天，外帶「清粥小菜——掛耳機聽股票」。吳伯雄當市長時曾下令：「上班時間不得戴耳機聽股票」。現在您到戶政事務所補辦身份證，服務小姐態度友好：先生請坐、喝茶。屁股還未坐熱，身份證已領到，令人感動。各位，行政措施硬體建設易，蓋大樓買電腦有錢就行；軟體建設難，意識型態建設、改變懶散的工作態度、提高服務熱忱，難、難、難。可是，阿扁做到了，了不起。如果這時候陳水扁一出現，我會情不自禁地說：阿扁市長，我支持你。支持歸支持，我的票還是不會投給他。為什麼？憂患意識嘛！

五號投票那天，公職退休的同鄉孫老太太到我家打牌（我沒有打！）。孫老太太說，阿扁再選上，從市府一腳就跨進總統府，我就要逃難了。在座各位不知道什麼叫逃難。張廷新老師知道，我們都是「逃日本人的難」逃大的。我說，老太太誇張了。她說，不誇張，陳水扁選上總統，我就逃回溫州去避難。為什麼？她說：我不要做希特勒統治下的猶太人；我也不要做世居印尼的華僑，一旦動亂，被殺、被砍。這不是孫老太太的獨特心理，這是一般外省人的隱憂。

凡是關心阿扁的人，包括司馬文武在內，勸阿扁如果想更上一層樓，必須在族群融合上下功夫，對海峽兩岸之間的問題表明態度，免得頭腦清明的本省籍的知識份子、中產階級憂慮，免得安分守己的外省人恐懼。阿扁聽進去了。他在台北舉行的第一場感恩謝票群眾大會上，從頭到尾說國語（這是風向雞），此外，他在「告別演說」中也有了明確的回應。

陳水扁市長在告別演說中表示：「讓理想繼續燃燒，讓歷史開始對話」。整篇講稿內容所呈現的，是他前所未有的，提出對大陸問題較為深層的、較為宏觀的反省。他呼籲包括民進黨在內的所有政黨，都能正視兩岸及族群問題，改正觀念。這跟他在一個月前對美國時代週刊所發表的見解，彷彿不是出於同一人之口。

一個月前，陳水扁在那篇美國《時代周刊》的專訪中大談「在大陸人統治下長大的台灣人的感受」，他提到競選對手王建煊「由大陸人組成的小黨」，這是正視族群問題的正確遣詞用語嗎？阿扁是學法的，對文字的駕馭能力會有問題嗎？

以台北市的選民結構來說，百分之三十的外省人，他們也像多數的台灣人一樣，兢兢業業工作，本本分分做人。他們的人生態度很世俗，但求溫飽，只求平安。他們之中有人在國民黨統治下「白色恐懼」期間遭受迫害而導致妻離子散、家破人亡的慘劇，比台灣人有過之而無不及。阿扁的悲情言詞，把統治台灣人的國民黨的「金字塔尖」的控權份子，概括為所有外省人，那是很不公平的，那是很危險的。

陳水扁市長告別演說所透露的內涵，深為聽眾、讀者所肯定、讚許。但是，政治人物的言論，未經過時間及事實的檢驗，不能輕信。這不是多疑，只因為生活的歷練所受的痛苦教訓太多了。不過，我還是衷心期望，陳水扁的告別演說是「內發」的，而不是「外鑠」的。

在這裡我對陳水扁市長未能蟬聯的原因，提出我的看法：

一、陳水扁沒有明確的「兩岸政策」，讓本省人憂慮，外省人恐懼。

二、陳水扁的人格特質，有八大缺點，使他無法爭取到中間選民的選票。

三、陳水扁的競選策略錯誤：捨長取短，專走偏峰，熱鬧有餘，實利不足。

先說第一項：

陳水扁是台獨黨綱的草擬者之一，一向主張「公投」。但當他在美國訪問時，卻又表示：民進黨執政，不會造成災難，要顧到台灣二千一百萬人民的利益，必須正確面對大陸問題，妥善處理。忽左忽右，搖擺不定。今年二月，民進黨中央檢討大陸政策，結論：「強本西進」，有別於李總統的戒急用忍，遭到陳水扁的嚴詞抨擊。接著民進黨高層在台北建國廣場集會，黨主席許信良被建國黨的狂熱份子揍拳。原因是「強本西進」為許所主導，為阿扁所反對。今天在阿扁的地頭上發生暴力事件，陳水扁居然不哼一聲。這種「我不同意」揮拳就揍的街頭暴行，極具感染性，尤其在族群摩擦或衝突時，一經渲染、挑撥、鼓譟，很容易引起大規模的流血慘劇。當局勢失控甚至引來外力干涉或戰禍時，受苦難的是一般老百姓，而那些在幕後操控的政客及野心家，早就逃到美國或日本做政治難民去了。

這種例子俯拾即是，從歐洲的前南斯拉夫，到中東的伊拉克北部庫德族居住區；從中亞的車臣，到外高加索的亞塞爾拜然；以及東非的索馬利亞到中非的剛果。衝突或戰爭的結果是屍橫遍野、血流成河。有時暴行雖止，戰禍也停，但遺留下來的災難，仍然繼續折騰著餓殍遍地的飢民。

政治人物如果沒有宏觀視野，只貪婪著眼前三寸的政治權力，雖口口聲聲愛台灣，一旦造成浩劫，恐怕連他自己也想像不到。

第二項　陳水扁的人格特質，具體可見的有八大缺點：

一、剛愎自用，一意孤行

台北市的掃黃、掃賭博性電玩，政策正確，人人叫好，但在「廢公娼」上踢到鐵板。先是決策粗糙，繼而拒絕議會「緩二年」的決議。結果傷人傷己，成了燙手山芋。

二、仗氣欺人，輕視議會

阿扁選上市長，仍不能忘情於做立委時的強硬態勢，府會關係降到冰點，台灣縣市民進黨執政的超過半數，就沒有那一個縣市府會關係弄到如此之僵。因為阿扁人氣太旺，目無餘子，輕視議會。陳水扁市長拒絕到議會備詢是常事。今年就有兩次，一次在年初，一次在十一月。

阿扁當市長，民進黨議員最不好過。馬永成到議會協調溝通，民進黨議員排末班，有時甚至被交代。民進黨市議員林瑞圖不甘做投票部隊，專挑阿扁痛腳，終至被逼離開民進黨，變成阿扁的死敵。

三、濫用行政權力，官司敗訴

阿扁走馬上任，棒打豪門，拆蔣緯國的「違建」房子，蔣的後代告到法院，阿扁忽然發現「於法不合」，連忙私下和解，賠了一千萬。其實蔣緯國算什麼豪門？只不過是過氣的沒落王孫而已。

有人檢舉華岡藝校有十一間教室違建，安全堪虞。市府下令限期拆、遷、建。華岡校長張鏡湖，是張其昀的兒子，也非普通老百姓，不予理睬。結果胳膊扭不過大腿，「到期」時張被趕出校門，由台北市政府政務副市長陳師孟進駐接辦，並繼續在十一間違建教室內上課。

張鏡湖一狀告到法院，一年後，法院判決「市府敗訴」，「張鏡湖復辟」。這兩件官司，是阿扁執政成績單上的兩個大紅字。

四、趕盡殺絕，不留餘地

十四、十五號公園違建拆遷，政策正確，但處理過程欠周詳，糾紛不斷。人非機器說搬就搬。住公園違建自是苦哈哈的窮朋友，邊緣弱勢族。「後置」工作未妥善，抗爭難免。台大城鄉研究所師生，本是阿扁第一次選市長的堅定支持者、獻策人。卻在「拆遷」問題上與阿扁無法溝通而變成反對者。阿扁令出必行，結果逼人上吊自殺。

收回市產，大師垂淚。史學大師錢穆先生在外雙溪的「素書樓」原為市產，由於時代動亂因素，四十多年來錢先生寄居素書樓，著書、立說、傳道、授業，造就了不少人才。素書樓如同法國畢卡索故居是文化財。錢先生百年之後可做為文化紀念館，供後學者追思、瞻仰。而阿扁不管這些，一道令下「收回市產」，把一位九十三歲而又弱視的一代大儒掃地出門。孔子說：「為政以德」，而阿扁則「為政以力」。以霹靂手段加上霹靂心腸，下手不留情。即使是阿扁的支持者，也無法不悽然而心有戚戚焉。

造反、革命、奪權，用霹靂手段、霹靂心腸，沒話說，連唐太宗李世民奪權時也難免。但他做了皇帝後，連敵人都不殺，甚至重用。但陳水扁是台北市的當政者，手下有八萬多員工，掌握一千七百億天文數字的年預算，呼風喚雨。以霹靂手段行新政，很好，但多少也要有一點點「菩薩心腸」嘛！否則，一旦攀上權力巔峰，這種作風揮灑開來，那麼做他的「治民」，恐怕要在「黑色恐怖」下戰慄度日了。

五、說話尖刻，沒有風度

去年縣市長選舉時，阿扁替民進黨候選人助選，所到之處萬頭攢動，「陳總統，陳總統」之聲不絕於耳。阿扁揮手微笑，狀甚愉快，得意之際，就口不擇言，大批李登輝是「老番癲」、「老年癡呆症」，當時說得爽快。今年市長選舉，他想跟李總統拉關係，你想，阿輝豈會忘記。

阿扁痛罵林瑞圖說：「林瑞圖的話能聽，屎都能吃」。其粗鄙、無格，不像是出於政治菁英的陳水扁之口。

六、角色倒置，忘了我是誰

由林瑞圖引爆的「澳門事件」，陳水扁拿《聯合報》開刀，右邊討好建國黨，左邊向李登輝表態（李最討厭聯合報，從不接受聯合報的專訪）。《聯合報》有關「澳門事件」的報導跟別家報紙沒有什麼大差別，只是多加了框框，醒目而已。支持阿扁的群眾，在羅文嘉領導下，聚集在《聯合報》社前示威抗議，並展開「拒看聯合報運動」。羅文嘉力竭聲嘶在眾多媒體閃光燈前，大動作撕裂聯合報，其舉止誇張，情緒亢奮，令人誤會怎麼紅衛兵造反派頭頭在台北街頭出現。

街頭運動是造反派，在野黨、弱勢團體以及社會邊緣族群的專利，因為他們是法律的「棄兒」。陳水扁是執政者，有權有勢。如果他對《聯合報》的報導不滿，可以採取下列三個途徑：1.要求道歉、2.要求登更正啟事、3.按鈴控告。而今，手握政治權力的台北市長，怎麼可以捨正途而不用，反而發動街頭群眾抗爭，怎麼說都是不可以的。有人擔心，陳水扁當了總統，第一家倒楣的報紙，就是《聯合報》。什麼言論自由，什麼「民主」「進步黨」，那是掛在嘴上說說的，你還當真！

七、只許阿扁放火，不許百姓點燈

一、陳水扁一上台，努力取締違建，不遺餘力。於是拆蔣緯國的房子，接管華岡藝校。有人抱不平，說阿扁家有違建，把廚房拓寬、佔用防火巷；說副市長陳師孟家住四樓，在頂樓蓋房子，是違建。市府提出說明，那是黃大洲市長時代蓋的，是民國幾年幾年蓋的，是老違建，「就地合法」，是合法的違建，不用拆。這是耍文字魔術，違章建築就是違章建築，沒有什麼「合法」的「違建」這回事。而「就地合法」是台灣社會政經特殊背景下所長出的「毒瘤」。陳水扁市長如果自動割去這個「毒瘤」，不是顯得更有「王者之風」嗎？可惜他捨不得小利，只因他身邊缺少有智慧的人。

二、十一月十六日，「黃復興」退休將官發表文章呼籲「尊王保馬」，希望新黨將選票轉給馬英九。陳水扁上飛碟電台，批評「黃復興」為了保馬，要毀新黨，既惡毒又不道德。隔了幾天，就在十一月二十一日，阿扁再上飛碟電台，大力推崇李登輝總統對台灣民主政治的貢獻。大談李陳之間的良好關係：「這是我打心底感激他的地方。」還說，五月三十日馬英九宣布參選之後，他和李總統之間還可透過許多管道進行意見交換。陳水扁想爭取敵對黨派的領導者李登輝死忠的選票（約十八萬張），跟「黃復興勸新黨」的用心有什麼兩樣？所以有人說阿扁，只許市長放火，不准百姓點燈，很貼切。

三、「澳門事件」爆發後，吳淑珍代夫申冤，自稱「弊案終結者」的林瑞圖踢到鐵板，弄得灰頭土臉。阿扁乘勝追擊，大罵林瑞圖是馬英九的馬前卒，大罵馬英九是「新賣台集團」的代理人。按照民進黨人的思維邏輯：台奸、吳三桂、賣台集團，是三位一體的。凡是主張西進的，反對戒急用忍的、主張控制接觸的，反對獨立或一中一台的，以及經常去大陸拉關係走門路做生意的，統統給他們戴上這頂大帽子。現在馬英九成了「代理人」，集萬惡於一身，而罪不可赦的。

可是問題來了。台北市府因「拔河斷臂」事件而下台的羅文嘉到美國遊學。暗中三次去大陸。前兩次是密訪，第三次不慎曝光，才知道還有前兩次。第三次去北京再到上海。跟汪道涵關室密談。兩人年紀相差半個世紀以上，說是聊天氣。套交情、談生意，誰相信？

八、製造敵人，打擊自己

陳水扁的從政格局，一清二楚：不是同志，就是敵人，沒有同事，也沒有朋友。

一、台大城鄉研究所師生，是阿扁第一次選舉市長時的堅定支持者，但在十四、十五號公園違建戶拆遷問題上，對阿扁的施政理念無法苟同，因而勢成水火。原由城鄉研究所教授轉調台北市政府都市發展局局長的張景森，因而被拒回城鄉所任教。雙方關係弄到決絕的地步。

二、陳水扁是從台北市議會起家的。在議會論資排輩，陳健治是老大，他當了二十八年的議員。二十八年裡，他當了七年半的副議長，九年半的議長，怎麼說，阿扁是他的同事。當阿扁做了市長，在議會拒不作答，甚至不出席議會，氣得十七年來未執行質詢權的陳健治議長，走下主席台，首次以議長身份質詢陳水扁，場面非常難看。年初，陳水扁不到議會報告，陳健治上電視扣應節目，痛批陳水扁。今年十一月，市議會最後一次總質詢，阿扁請假不出席，陳健治率領議員上街頭尋找失蹤的市長，成為街頭巷尾的笑談。這是同事變成仇敵的例子。

三、林瑞圖原是阿扁的同志，後成死敵。林瑞圖有許多缺點：衝動、思慮不周、出言不考慮後果等等。但他也有別人所沒有的長處。例如舉發軍中弊案死咬不放，深挖到底，身穿防彈衣，也不畏懼退卻。如果阿扁的性格不是那麼「內方外方」尖銳如刀，怎麼會製造出這麼一位死纏爛打、毫不妥協的敵人呢？

總結陳水扁人格特質的八大缺點，用八個字概括：志大量小，難成大器！（註）

這次台北市長選舉的扁馬之戰，阿扁落敗，令人惋惜。但他的忠實支持者，他的分身羅、馬二人，以及阿扁本尊，應該冷靜想一想，不要抱恨，不要遷怒，因為輸的是七、八萬票。許信良說：「競選雙方，實力相當，少犯錯的贏面就大。」你看阿扁有那麼多的嚴重缺點，即使減半，也難有勝算。因為他的對手小馬哥，是一部吸票機！

註：做皇帝當總統，不能算是成大器；馬可仕做了二十年的總統，又如何？明乎此，則可知所謂成大器之含義矣！

一九九九年一月三日夜初稿於台北蝸居

一月六日夜刪訂於陽光山林

二〇〇五年七月二十五日夜再校訂於台北蝸居

第三項陳水扁的選舉策略錯誤（略）

……………………

七、陳水扁執政，台灣往何處去

楔子

今天向各位同仁報告兩點：

一、三一八街頭群眾運動評析；

二、陳水扁上台，台灣往哪裡去？

現在是七點五十分，時間有限，第一點暫時擱下，第二點是未來式，凶吉禍福，人人與共；先做分析。

二〇〇〇年三月十八日，台灣大選，主張台灣獨立的陳水扁勝出，海峽兩岸立即面臨嚴峻凶險之局。用四個字形容：山窮水盡！能否「柳暗花明」？舉世關注。

去年十二月，前立法院院長梁肅戎訪美，應中共駐美大使李肇星約宴，席間梁一再探詢李對台灣選情的看法，李肇星先拒後答：連戰、宋楚瑜當選，可以接受，陳水扁當選不能接受。他的說法，令人疑慮。我的解讀是：所謂「不能接受」，應該不是指陳水扁這個人，而是指這個人所代表的政治立場。選前陳水扁不止一次表示：阿扁當選，不舉辦公投、不更改國號、不把兩國論入憲。即所謂陳水扁的「三不善意」，這自然給人有很大的想像空間。

三月十五日，中共總理朱鎔基，在中外記者會激昂地說，台灣進行台獨或分裂國土，就沒有好下場。台灣如果無限期拖延走上談判桌，中共必將採取斷然措施。詞嚴色厲。今後情勢發展，一旦兩岸距離越來越遠，「限時談判」必將出現。邱義仁就有清楚明白的分析。

邱義仁是民進黨的首席智囊，擔任民進黨駐美代表，一向作風低調，被稱為「不打領帶卻對台灣有高度影響力的人」。三月二十六日，邱義仁向記者表示：新總統當選人就任後，和北京之間的緩衝期將很短，陳水扁將會非常小心謹慎，可以說沒有犯錯的機會，因為只要一犯錯，就會有立即的危險。

邱義仁所謂「陳水扁的緩衝期很短」，反面的意思是說：「李登輝的緩衝期長」。

李登輝掌權之初，擺出「明統」姿態，成立國家統一委員會、訂出國家統一綱領：近程、中程、遠程。北京當局對他確有期待，所以常有「寄希望於台灣當局」的隔海放話。

一九九二年海協會、海基會達成各自以口頭方式表述：「海峽兩岸均堅持一個中國的原則」的共識。

海協會的表述是：「海峽兩岸均堅持一個中國的原則，努力謀求國家統一。但在海峽事務性商談中，不涉及一個中國的政治涵義。」

海基會的表述是：「在海峽兩岸共同努力謀求國家統一的過程中，雙方均堅持一個中國的原則，但對一個中國的涵義、認知各有不同。」

以上就是一般所謂「一個中國，各自表述」的由來。它的基礎是建立在雙方均堅持的「一個中國的原則」之上。

時移勢易，當李登輝的權力基礎漸漸穩固之後，他所偽裝的「明統」慢慢移向「暗獨」；最後乾坤大挪移，由暗獨而明目張膽蹦出「兩國論」，分裂國土的意圖昭然若揭。由於違反美國利益——維持現狀，而遭華府出手扼殺——兩國論不敢入憲。

新總統當選人陳水扁的台獨色彩鮮明，儘管他目前姿態很低，身段超柔，表示願意去大陸移樽就教、歡迎北京領導人訪台、修改戒急用忍政策、一年內兩岸三通，最後提出「一個中國議題」，做為走向談判桌的敲門磚等等，均遭北京當局「不認同一個中國原則」，一切「免談」的嚴詞拒絕。

不接受「一個中國原則」，就是違反一九九二年兩岸所建立的共識，很明顯地是滑向「一中一台」。香港亞洲電視新聞部顧問張立般，選前訪問陳水扁：「你是中華民國總統參選人，請問你是哪一國人？」。陳水扁立即變臉拒答，場面尷尬。

目前海峽兩岸的困局，就是卡死在這裡。

為了對「明統」的李登輝有所期待，耽誤了十年時間（國台辦、中台辦的確受到很大的壓力），所以對「明獨」的陳水扁不可能有「較長的緩衝期」。為了杜絕太平洋兩岸以及海峽兩岸的信使傳達不正確的消息，例如：中共對一中原則鬆動、大陸北方主戰，南方主和等等。北京當局使出殺手鐧，決定在五二〇陳水扁就職前，禁止民進黨所有具有公職、黨職、機要秘書、國會助理等到大陸訪問，不論行程是否事先安排，或是只到大陸旅遊，一律不准放行。

近日新總統當選人陳水扁，在不同的地點（一在潤泰集團總部，一在立法院），說了相同的話，他說：

請大家不要對他的就職演說有過高的期望，過去五十多年來都無法解決的兩岸困局，阿扁何德何能，以一篇演說就能解決。中共提出的一個中國原則，不僅美國與中共的認知不同，國內各黨派也有不同的認知。一個中國的內涵中共不容討論，就要我們接受，是強人所難。

陳水扁是學法的，對文字的功能涵義應能正確掌握，他應該明白，不管是誰，都沒有人奢望他用一篇就職演說來解決五十年來的困局。走向談判桌，只是解決難題的第一步，是開始，不是結束。中美板門店談判（簽訂停戰協定）用了一年多時間；繼而日內瓦會議、華沙馬拉松會議，斷斷續續談了十多年。何況目前因台海兩岸卡在「一個中國的原則」的認同上，談判之門打不開，連第一步也踏不出，還奢談什麼「解決」？

關於「一個中國」內涵，所謂中美「認知不同」，也是有意藉巧詞誤導。

根據一九七一年十月二十五日聯合國二七五八號決議案：「承認中華人民共和國政府代表，是中國在聯合國組織的唯一合法的代表，中華人民共和國，是安理會五個常任理事國之一。」

中國就是根據這個「決議案」，先後與聯合國一百八十多個會員國中的一百五十多個國家，建立正常的外交關係。而在建交的文件上，大多會載明：「世界上只有一個中國，台灣是中國的一個省，中華人民共和國是代表全中國的唯一合法政府。」這就是「一個中國」的內涵最具體的陳述。

中共與美國的建交公報，有一個小插曲：

一九七二年中美簽訂上海公報，其中有一段這樣寫：「美方認知海峽兩岸中國人都認為只有一個中國，而台灣是中國的一部份。」在「認知」一詞上中共不同意，要用「承認」，雙方爭持不下。但格於當時的國際形勢（中蘇關係緊張，雙方各以百萬大軍部署邊境），周恩來最後未堅持使用「承認」一詞。

二十八年過去了，中國在政治、經濟、軍事各方面的進步所展現的強大實力，使當時在「文字鬥智」下所產生的「歧義」漸趨一致。一九九八年美總統柯林頓訪問大陸，簽訂「中美建設性戰略伙伴關係」，並在上海回答記者時提出：「支持一個中國」，「不支持台灣獨立，不支持一中一台，不支持台灣加入聯合國」。清楚明白表達了美國的立場（符合聯合國精神）。

去年七月李登輝總統向德國記者發表「兩國論」，通過「假出口，真內銷」，以民粹主義譁眾取寵，並說「愈鬧大愈好」。九月，台灣申請加入聯合國，遭到聯合國五個常任理事國一致投反對票而被扼殺，並被美國媒體指為是「麻煩的製造者」。

去年，第十一屆亞太經合會在紐西蘭舉行。紐西蘭外長在閉幕記者會上，當著二十一個國家外長、經濟部長的面，回答記者發問時說：「台灣不是主權國家」，一經國際媒體報導，影響深遠。

去年十月，菲律賓政府積極協調東南亞國協的所有成員國與中共，研擬一分有關南中國海以及南沙群島問題的「行為準則」，並訂在十一月在菲律賓舉行區域會議，而台灣被排斥在外。其說詞是：台灣不是主權國家，是「中國的一個省」。

就在四月十一日，新加坡總理吳作棟在北京中南海會見江澤民後向記者再一次聲明：台灣是中國的一個省，台灣問題是中國的內政問題，新加坡政府繼續堅持一個中國政策。

以上所述，是國際社會共同遵守的行為法則。就算它是「叢林法則」，只要是國際社會的一員，包括美國在內，就得遵守。除非你是強者，像中共一樣，在一九七一年把中華民國趕出聯合國。

李遠哲領軍的兩岸問題「跨黨派工作小組」，如果無法替新總統當選人陳水扁解套，在五二〇演說中，對一中原則做出正面回應，那麼北京當局對陳水扁政府的「緩衝期」必然「很短」。

根據新聞報導，即將組閣的唐飛，四月七日（星期五）宴請國民黨立委時指出，來自美方的消息顯示，中共施壓日亟，「兩岸關係其實非常非常緊張」，如果台灣無法提出具體的安全措施，並建立相當的防禦基礎，包括美國在內的國際社會，不一定會對台海危機伸出援手。據國民黨立委李先仁轉述：唐飛談話的重心，以兩岸關係為主，由於中共可能訂出「談判時程」，兩岸未來，是和是戰，迫在眉睫。

唐飛認為，台獨沒有空間，如何解套，是眼前民進黨與陳水扁的最大難題。

三月十二日，美國《華盛頓郵報》（今年最拉風，贏得普力茲獎三大獎，讓紐約時報吃癟）刊登美國卡內基國際和平基金會資深研究員「凱根」的專文指出：根據五角大廈研究中共軍事的頂尖專家史托克（M.A.STOKES）透露，中共已籌畫好，如何不渡海進攻即可迫使台灣屈服。中共可能發射數百枚飛彈，癱瘓台灣的空防及預警系統，摧毀台灣的指管通訊中心，破壞台灣的八座主要機場。中共可以在四十五分鐘之內使全島癱瘓，進而迫使台灣求和。美國能作何反應？國防部官員說：「無能為力」。因為大規模的導彈襲擊，難有預警時間，如果美國決心一搏，太平洋艦隊的航空母艦，也許對中共的飛彈基地發動報復性攻擊。但中共可能以飛彈還擊，白宮見情勢難以挽回，不願升高衝突，以避免「越戰重演」。

問題在一旦美航艦開火，中共敢不敢「賭」？

依照中共的行為模式及思維邏輯：「寧失千軍，不失寸土」。所以肯定會「賭」！珍寶島之戰、懲越之戰、中印之戰，足資證明。同時中共在達到行動目的之後，並不佔領對方土地，只是要對方接受他的條件簽訂停戰協定。而出乎世人意外的是，一九五〇年中共建政之初，敢以「小米加步槍」抗美援朝，同時蘇聯史大林原先同意派出空軍支援，而後又反悔的情形下，毅然參戰（毛澤東的長子毛岸青，在韓國戰場被美機炸死），而迫使美國在板門店簽訂停戰協定。今天，他有了核彈、有了洲際彈道飛彈，哪有為維護領土完整而怯戰之理。

去年十二月二十六日，中共中央軍委會副主席張萬年，在解放軍總參謀部、總政治部、總後勤部、總裝備部工作會報告，措辭強硬。他說：今天的中國，已不是當年的中國，如果美國製造藉口在台灣海峽對中國發動攻擊，我們必定做出反擊。如果美國對中國的政治、經濟、軍事重地和目標發動攻擊，如果美國膽敢對中國發動核攻擊，中國必定對美國本土做出核反擊。（註）

問題在白宮衡量比較美國在海峽兩岸的商機，以及自身的安危，敢不敢「賭」？令人懷疑。中共是為了維護領土的完整、主權的獨立而不得不戰、不能不戰。美國有這種「不得不戰」的內在困境嗎？

民進黨的基本教義派，長期來一直幻想美國會「兩肋插刀」，那是一廂情願，害人害己。害己，自作自受，而以二千三百萬人的身家性命做賭注，那將是歷史的罪人。

這方面，邱義仁、張旭成並非井底之蛙，應該明白。

張旭成在美國大學任教，民進黨前駐美代表、立法委員，前陣子是陳水扁新政府熱門的外交部長人選之一。四月一日張旭成向記者表示：我們擔心等到美國決定前來幫忙，戰爭早已結束。（見四月二日《聯合報》3版）

我們的防禦能力真的如此不堪一擊嗎？

台灣每年的軍購費是天文數字，一九九七年採購武器所花費用，是全世界第一位，一九九八年是第二位，僅次於沙烏地阿拉伯（計四十六億美金）。我們買的是廢銅爛鐵嗎？

據美國華盛頓郵報所披露的五角大廈機密報告稱：台灣抵禦中共的能力，比想像脆弱。原因是台灣軍隊長期孤立，對新科技難以掌握，而且軍種間對立嚴重，戰鬥意志消沈。

這份機密報告特別提到兩點：1.台灣軍隊由於長期處於外交孤立，以及軍方對基地的安全管制非常鬆散，加上軍種之間競爭對立情況嚴重，並未能培養出專業資深的官兵以操作複雜的新武器系統。2.世界上沒有其它國家的軍隊像台灣這樣的長期遭到孤立。他們不但無法和別國軍人一起訓練，也無法和他人接觸。在戰爭已演變得愈來愈複雜的情況下，他們要想掌控所有新科技，也日形困難。

「硬體」的防禦能力如此，而「軟體」的「心防」更令人憂心。

台灣的國防專家擔心軍方的士氣，擔心過慣富裕安樂生活的民眾，能否承受難以想像的戰爭苦難。高等政策協會秘書長楊念祖說，對陳水扁來說，初期的挑戰是能否獲得高級軍官的信心，他們大部分是國民黨員，他們強烈反對陳水扁的台獨主張。如果他們覺得因為他們所不支持的見解而陷國家於險境，許多軍官可能會提早退役，致使軍方欠缺一些必備的高級技術人員。

台灣太平歲月過了五十多年，一般人並未將中共的威脅當一回事。楊念祖說：陳水扁更大的挑戰，是如何讓中產階級、以及民進黨的支持者與死忠份子相信北京是來真的。

今後，陳水扁不是肩扛「台灣沈淪於浩劫」的十字架，就是手捧諾貝爾和平獎，成為台灣的曼德拉。我們衷心祈望他能選擇後者。

阿彌陀佛！

二〇〇〇年四月二十日深夜
增刪定稿於陽光山林
二〇〇五年七月二十六日再校訂於台北辛亥蝸居

附錄

（註）：二〇〇五年七月十五日外電報導：中共國防大學防務學院院長朱成虎少將，在北京向外籍記者作簡報時提出警告：「美軍若介入兩岸衝突，可能引發核子戰爭。我們即使犧牲西安以東的所有城市，也要用核武應戰。當然，美國也必須有心理

準備，他們會有幾百個城市被中國摧毀。」

有關這項言論，紐約時報、華盛頓郵報、倫敦金融時報、亞洲華爾街日報、日本朝日新聞等媒體，十五日均有報導。

倫敦金融時報說，這是近十年來中共高層官員發表的最露骨談話。紐約時報報導，美國國防部前助理部長傅立民在一九九六年元月參加一項國安座談會時透露，當時的中共副總參謀長熊光楷也曾暗示以核武攻擊洛杉磯。（見民國九十四年七月十六日聯合報A13版）

八、後記

現代荒謬錄

一、二〇〇〇年五月二十日，新總統當選人陳水扁的就職演說，有可能成為撞擊地球的超級大流星。

二、「一個中國的原則」、「一個中國的議題」，二字之差，有可能一如原子彈之於廣島、長崎。

三、向上提升，向下沈淪，是政客的廣告詞。

四、全民政府，清流共治，是用過即丟的垃圾袋。

五、陳水扁的「國政顧問團」，堂堂正正上陣；階段性任務完成，偃旗息鼓收兵。

六、奮身挺阿扁，辭職為正義，忽而又回任，人人叫阿門！

七、兩國論鬧愈大愈好。狂悖老番癲的夢囈。

八、明修棧道挺連，裝模作樣；暗渡陳倉挺扁，權謀盡出。

九、桃園人不支持桃園人，是賣鄉賊。龍發堂式的精彩台詞。
十、薑是老的辣，隔天，老的薑不辣了。
十一、黨主席拒絕敗選下台，是怕有人進來搶黨產。
十二、強盜與財閥是一樣的；強盜是非法掠奪，財閥是合法掠奪。
十三、強盜與財閥有一點不一樣：強盜是被抓、被關、被殺。財閥是享富貴、享榮華、享死後哀榮。

虛擬「就職廣告詞」

一、台灣是主權獨立的國家
二、台灣與中國是兩個互不隸屬的國家
三、由於歷史的錯誤。五十多年來，台灣是完整行使治權的政治實體。
四、在一個中國的議題上，雙方展開談判。
五、回到一個中國各自表述的原點，再進一步在「原則」的認同上展開談判。

六、認知「一個中國的原則」，關係兩岸未來的發展，所以，必須先確定它的內涵。

七、有關「一個中國的原則」問題，暫時擺開，先從「文化、經濟」二方面開始談。

八、一個中國，既非中華民國，也非中華人民共和國。一個中國是台海兩岸人民的共識。在一個中國的原則上，台灣是中國的一部份，大陸也是中國的一部份，不存在大欺小、誰吃掉誰的問題。兩岸和睦相處，休戚與共，經濟共榮。經過一個世代，你泥中有我，我泥中有你。當新世代當家做主時，「台灣的領導人」也可像「阿布萊特」一樣坐上北京中南海總理的位置上。

二〇〇〇年四月二十五日　於陽光山林

跋

壹

關於〈二戰後專搞綁架、暗殺、顛覆的美國〉一文，最先是座談會的講稿，後經整理打字，在好友、同事間傳閱。

有一天，老校長（大華中學創辦人万志平女士）找我去，說：林老師，現在雖然戒嚴解除了，但你的身份敏感，君子愛人以德，我勸你，這一類文章不要寫比較好。

時間是「揭密之鑰」。十多年來，美國中央情報局在世界各地的非法活動所製造的罪行，與時俱增地呈現在世人面前。

二〇〇五年九月九日，美國前國務卿鮑爾，在ＡＢＣ新聞節目（註一）中說：二〇〇三年他在聯大演說，詳述伊拉克的大規模核武計畫。結果，根本沒有這些計畫。為此他深感痛苦。這是他個人記錄上永遠的污點。他並表示，當他獲悉所根據的情報資料是錯誤的，使他深受打擊。

一九八六年，美國總統老布希，以「國際販毒頭頭」的罪名，出兵綁架巴拿總統諾瑞嘉到美國審判。二〇〇三年，美國總統小布希，以「伊拉克擁有毀滅性武器，威脅世界和平」為藉口，出兵侵略伊拉克，平民百姓家園毀滅而死於兵燹者不計其數。邪惡的軍事帝國主義、以及偽善的恐怖帝國主義的惡行，在世人面前暴露無遺。

貳

一九八八年一月十三日，蔣經國去世，副總統李登輝繼任中華民國總統。接著中國國民黨在陽明山中山樓召開中常會。因黨主席人選問題引發爭議，國民黨副秘書長宋楚瑜「臨門一腳」，把李登輝拱上黨主席寶座。五〇年代濫殺台灣社會菁英以及知識青年的蔣政權，終告壽終正寢。

中華民國總統兼國民黨黨主席的李登輝，以書生政治家之姿，光環耀眼，社會各界對他「頗有期待」。

李登輝在與蔣朝遺老奪權的過程中，利用行政院院長的高位，「一挑子殺三士」，由李煥退俞國華，再以郝伯村取代李煥為行政院長。

李登輝說：我與郝院長「肝膽相照」，想不到後來演變成「肝膽俱裂」。李登輝用了一句經典名言：「外省人的行政院長，欺侮本省人的總統」，輕而易舉地把在蔣經國時代幹了八年參謀總長喊水會結冰的郝伯村，一舉掃出政治舞台，叫他永無翻身之日。

李登輝與宋楚瑜二人，從「情同父子」變成「不共戴天」。二〇〇〇年總統大選，宋楚瑜選情火紅，李登輝製造「興票案」，把宋楚瑜「一招畢命」！

從此，台灣的政壇：權謀、狡詐、見人說人話，見鬼說鬼話，為達目的，不擇手段，蔚為政治風尚。

「桓公好紫，全國皆紫」（註一）。於是上行下效，青出於藍。只要「政治正確」，就算是撒謊欺騙、背信食言、羅織誣陷、是非扭曲、黑白顛倒、爭功諉過、硬拗瞎扯，都能說得理直氣壯。

總統夫人吳淑珍「進出股市」，引發議論批評。財經大員竟然說：可以「活絡股市」。南亞海嘯大災難，新聞局發動民間捐獻，募得四億餘元新台幣，竟被「暗槓」八個月之久沒有送往災區，被社福團體揭底拆穿，而主其事者竟然聲辯說，是審計部「陰謀陷害」、「官僚殺人」。

律師高考出現具有政治操作意圖的試題，嚴重違反國家攷試的「憲法正義」。執政黨的立法委員又唱老調：國民黨時代就是這樣，現在有何不可？而考試院院長姚嘉文竟然說：「攷生也可以批評總統呀！」

高雄捷運泰勞暴動事件，掀開了無法想像的黑暗內幕。起因是泰勞薪資被過度盤剝，基本生活極端的非人道待遇，管理規則苛細，對所謂「犯規」者，動輒罰錢，甚至用電棒懲罰。而掌權者不去探究肇事成因，不敢徹查幕後黑手的有力人士。竟然大言炎炎地說：高捷BOT是「前朝定案」，推得一乾二淨。

嘴巴治國的結果，於是貪污瀆職、施政無能、經濟衰敗、廠商出走、外商撤資、外戚當道、馬屁成風。

電子產品外銷、創造台灣經濟奇蹟。筆記型電腦，台灣排名世界第一。但從今年年初「廣達」、「仁寶」等大廠，因成本攷量，將生產線全部外移。一向堅持在台灣生產的「大眾電腦」，九月份開始也悄悄地「吹熄燈號」，生產線移往大陸。

台灣中小企銀員工，為維護工作權，反對賤賣國產、圖利財團而走上街頭抗爭。台企銀有九十年歷史，全台有一百二十五家分行，台灣中小企業有百分之九十七曾向台企銀融資貸款。據台灣中小企銀董事長表示，台企銀出售從招標到決標過程，董事們渾然不知，無疑是「黑箱作業」。

多年來政府主導銀行「官股釋出」、「金控合併」，都曾發生「黑箱作業」的爭議。先是中華電信釋股，接著世華、中華開發標售官股，都傳出「高層欽點」的耳語。街談巷議、沸沸揚揚。而權力高層，只當「狗吠大車」，我行我素。

「股市禿鷹」案件，比監守自盜更為嚴重。行業間早已預料有「掩蓋不住」的一天。現在又預料：「越辦上去，越辦不下來」。

「雪山隧道」一年多來一共辦過六次「通車典禮」。審計部曾到「國道新建工程局」查帳，花費幾百萬元新台幣的「通車典禮」，那一次「貫通」才是真的？至於花一百五十萬元新台幣搭建用一次就拆掉的「馬屁橋」，沒關係，由工程局「自行吸收」。

一人得道，雞犬升天。先有官邸「推車女傭」支領「特勤獎金」，現在又有外戚升官，像坐「直升機」的新聞，熱鬧滾滾。

有「地下署長」稱號的金企鵝唱片公司董事長陳三龍，花錢買人替他坐牢爆出案外案。民國九十四年九月十四日，《台灣時報》「社會–國際」版標題：「警界爆買官，陳三龍扮白手套——換囚案外案，檢調查出陳與警界高層交好，有六名以上警官，透過推薦，升任警局長，北市分局長。」「縣市警局長價碼，三百萬起跳」。

夭壽啊！怎麼會這樣？

紀元前古羅馬先哲「西賽祿」，早已為今日的台灣做了預言式的「註腳」。他說：當辯論術缺少誠的美德，就形同廢物。一旦被卑劣的具有野心的貪婪者使用得逞，就會給國家帶來可怕的災難。

新聞報導，菲列賓前總統「馬可仕」的妻子「伊美黛」被沒收的珠寶，將舉行拍賣，預估至少可得一千萬美元，做為政府推行土地改革之用。

而台灣「前朝」的「國安密帳」案呢？「即使動搖國本，也要辦到底的」尹清楓命案呢？

風雨黑夜，似乎傳來「馬可仕」在十八層地獄的哀嚎：「冤哪！我怎麼不生在台灣！」

參

由於博客來網路書店總統理張天立先生的催促，協助，拙著《殷憂看世局》才得有機會與讀者見面。在此，由衷地深表謝意。

二〇〇五年九月十八日

中秋夜月圓　於台北辛亥蝸居

附錄

（註一）見二〇〇五年九月十日《聯合報》A13版

（註二）桓公好紫，全國皆紫，見漢劉向《說苑》一書

齊桓公問管仲，紫色布價飛漲，何故？管仲看了桓公一眼，從束髮巾到蔴屨，全

身皆紫。說：大王好紫，故全國上下皆尚紫。桓公不語。自此三日一換服色，事漸平。

謹以此書

紀念亡妻　吳湘文女士

台灣五〇年代白色恐怖期間，我遭到政治迫害，繫獄十三年。致令吾妻湘文從二十六歲到三十九歲風華正茂的歲月，陷入惶恐無助的孤絕之境。由於她的堅強、堅定、堅忍，才得撥雲見月，親子相聚，重建家園。

湘文，思念你，彷彿仍在我身邊。

林學禮

二〇〇五年九月十八日凌晨三點

於辛亥蝸居

國家圖書館出版品預行編目

殷憂看世局 / 林學禮作 . -- 一版.
臺北市 : 秀威資訊科技, 2005 [民 94]
面 ; 公分. -- 參考書目：面
ISBN 978-986-7263-83-4（平裝）
1. 論叢與雜著

078　　94020210

語言文學類　PG0074

殷憂看世局

作　者 / 林學禮
發 行 人 / 宋政坤
執行編輯 / 李坤城
圖文排版 / 沈裕閔
封面設計 / 沈裕閔
封面題字 / 溫州甌梅 谷斌臣
扉頁題字 / 溫州鹿城 林彌堅
內容校對 / 林學禮
數位轉譯 / 徐真玉　沈裕閔
圖書銷售 / 林怡君
網路服務 / 徐國晉
出版印製 / 秀威資訊科技股份有限公司
台北市內湖區瑞光路 583 巷 25 號 1 樓
電話：02-2657-9211　　傳真：02-2657-9106
E-mail：service@showwe.com.tw
經 銷 商 / 紅螞蟻圖書有限公司
台北市內湖區舊宗路二段 121 巷 28、32 號 4 樓
電話：02-2795-3656　　傳真：02-2795-4100
http://www.e-redant.com

2006 年 7 月 BOD 再刷
定價：180 元

讀　者　回　函　卡

感謝您購買本書，為提升服務品質，煩請填寫以下問卷，收到您的寶貴意見後，我們會仔細收藏記錄並回贈紀念品，謝謝！

1.您購買的書名：＿＿＿＿＿＿＿＿＿＿＿＿＿＿

2.您從何得知本書的消息？

☐網路書店　☐部落格　☐資料庫搜尋　☐書訊　☐電子報　☐書店

☐平面媒體　☐ 朋友推薦　☐網站推薦　☐其他＿＿＿＿＿

3.您對本書的評價：(請填代號　1.非常滿意 2.滿意 3.尚可 4.再改進)

封面設計＿＿　版面編排＿＿　內容＿＿　文/譯筆＿＿　價格＿＿

4.讀完書後您覺得：

☐很有收穫　☐有收穫　☐收穫不多　☐沒收穫

5.您會推薦本書給朋友嗎？

☐會　☐不會，為什麼？＿＿＿＿＿＿＿＿＿＿＿＿＿＿＿＿

6.其他寶貴的意見：＿＿＿＿＿＿＿＿＿＿＿＿＿＿＿＿＿＿

＿＿＿＿＿＿＿＿＿＿＿＿＿＿＿＿＿＿＿＿＿＿＿＿＿＿＿

＿＿＿＿＿＿＿＿＿＿＿＿＿＿＿＿＿＿＿＿＿＿＿＿＿＿＿

＿＿＿＿＿＿＿＿＿＿＿＿＿＿＿＿＿＿＿＿＿＿＿＿＿＿＿

讀者基本資料

姓名：＿＿＿＿＿＿＿＿＿＿　年齡：＿＿＿　性別：☐女　☐男

聯絡電話：＿＿＿＿＿＿＿＿　E-mail：＿＿＿＿＿＿＿＿＿＿

地址：＿＿＿＿＿＿＿＿＿＿＿＿＿＿＿＿＿＿＿＿＿＿＿＿

學歷：☐高中(含)以下　☐高中　☐專科學校　☐大學

☐研究所(含)以上　☐其他＿＿＿＿＿＿＿

職業：☐製造業　☐金融業　☐資訊業　☐軍警　☐傳播業　☐自由業

☐服務業　☐公務員　☐教職　☐學生　☐其他＿＿＿＿＿

請貼
郵票

To：114

台北市內湖區瑞光路 583 巷 25 號 1 樓

秀威資訊科技股份有限公司　　　收

寄件人姓名：

寄件人地址：□□□

(請沿線對摺寄回,謝謝!)

秀威與 BOD

BOD（Books On Demand）是數位出版的大趨勢，秀威資訊率先運用 POD 數位印刷設備來生產書籍，並提供作者全程數位出版服務，致使書籍產銷零庫存，知識傳承不絕版，目前已開闢以下書系：

一、BOD 學術著作—專業論述的閱讀延伸
二、BOD 個人著作—分享生命的心路歷程
三、BOD 旅遊著作—個人深度旅遊文學創作
四、BOD 大陸學者—大陸專業學者學術出版
五、POD 獨家經銷—數位產製的代發行書籍

BOD 秀威網路書店：www.showwe.com.tw
政府出版品網路書店：www.govbooks.com.tw

永不絕版的故事・自己寫・永不休止的音符・自己唱